JOAQUÍN LEÓN-PARODI

UNA EDUCACIÓN CENTRADA EN LA PERSONA

Guía para detenerse a pensar la educación

Prólogo de
José Antonio Alcázar Cano

EUNSA
EDICIONES UNIVERSIDAD DE NAVARRA, S.A.
PAMPLONA

Serie: Educación

Cupón para la Biblioteca Virtual

Accede a la versión eBook de este título por solo **1,99 €**. Con la compra de este libro puedes utilizar el siguiente cupón para la lectura en *streaming** desde la Biblioteca Virtual. **Sigue estas instrucciones** para visualizar tu libro:

1. Dirígete a la web de la Biblioteca Virtual en **https://ebooks.eunsa.es**.

2. En la web ve a **Iniciar sesión** e introduce tu email y contraseña. Si no estás registrado, deberás completar el proceso en **Registrarse**.

3. Tras registrarte, accede a la página del libro o lee el QR de esta página. Bajo el precio podrás **insertar el código oculto en el siguiente cupón para activar la promoción**.

Despegue para visualizar

Acceso directo al eBook

Canjéalo en ebooks.eunsa.es

*Con acceso a internet desde cualquier navegador.

© 2025. Joaquín León-Parodi
Ediciones Universidad de Navarra, S.A. (EUNSA)
Campus Universitario • Universidad de Navarra • 31009 Pamplona • España
+34 948 25 68 50 • www.eunsa.es • eunsa@eunsa.es

ISBN: 978-84-313-4030-8
DL NA 878-2025

Fotografía:
iStock

Imprime: Podiprint
Printed in Spain – Impreso en España

A mi familia
Por ayudarme a crecer cada día

Índice

INTRODUCCIÓN:
DETENERSE A PENSAR LA EDUCACIÓN

CAPÍTULO I:
EL SER HUMANO COMO SUJETO DE LA EDUCACIÓN

CAPÍTULO IV:
LA MANERA DE EDUCAR

Presentación

Una vez terminado mi Doctorado en Filosofía en la Universidad de Navarra, me dispuse a cumplir uno de los compromisos que adquirí con mi director de tesis: publicar mi trabajo. Sin embargo, esta tarea presentaba un dilema. Por un lado, tenía el deseo de publicar la tesis lo más íntegra posible, para aportar al mundo académico de la filosofía de la educación, y por el otro, ebullía también el deseo de poder aterrizar mi investigación al mundo de la práctica educativa, para de este modo ayudar a los profesores y futuros profesores –o, incluso, a padres de familia– a detenerse y pensar la educación, algo que a mi parecer hace muchísima falta. Luego de un tiempo de reflexión, tomé la decisión de realizar dos publicaciones: una versión académica, para filósofos de la educación, y otra versión accesible a un público más amplio, para educadores. De esta manera 'dividí' el nombre original de mi trabajo, *Una educación centrada en la persona. Fundamentación antropológica de la educación desde la filosofía de Leonardo Polo*, en dos: *Fundamentación antropológica de la educación desde la filosofía de Leonardo Polo*, publicada el año 2024 en la Colección de Ciencias para la Educación de Eunsa, y *Una educación centrada en la persona*, que es el texto que sigue a continuación. Así es como nace la idea de escribir este libro de un corte más divulgativo: poder ayudar a cualquier educador a pensar los fundamentos últimos del quehacer educativo. Esta es la razón de la bajada al título: *Guía para detenerse a pensar la educación*. Aunque se trata de dos libros distintos, los temas tratados en ellos son los mismos. Es por este motivo que muchas expresiones se repiten o pueden parecer muy similares, pero para no interrumpir constantemente la lectura –digo constantemente porque en algunas oportunidades si lo hago– no cito textualmente la versión académica. Junto a esto, cabe advertir que unos pocos apartados del presente libro corresponden –modificando algunas cosas menores para dar armonía a todo el texto– a otras publicaciones de mi autoría, lo cual advierto con una nota al pie en el título del apartado, dando la referencia para encontrar el original.

Este no es un libro exclusivo para filósofos, sino para educadores –tanto padres como profesores–, ya que en la presente versión se aligera enormemente el aparato crítico, las citas textuales y la terminología técnica propia de la filosofía de Leonardo Polo. Además, las clases que he dado en la universidad, las charlas que me han pedido para padres y profesores, y los distintos cursos o seminarios que he impartido desde que concluí mi investigación doctoral, me han ayudado enormemente a reflexionar sobre los asuntos aquí tratados con una mirada más práctica y adecuada al día a día del quehacer educativo.

* * *

Antes de terminar, es de justicia agradecer a todos los que hicieron posible esta publicación. En primer lugar a la EUNSA y a todo su equipo, por acoger esta publicación y por toda la ayuda brindada durante este proceso.

Agradecer a mis amigos, colegas y maestros quienes con sus comentarios y consejos han enriquecido notablemente este trabajo. Particularmente, agradecer a José Antonio Alcázar, por acceder a escribir el prólogo que viene a continuación y por sus comentarios al primer borrador de este manuscrito; a Emilia Valdés, Catalina Ureta, Rafael Vergara, Blanca Valdés, Josefina Pruzzo y Nicolás Espinoza, por la lectura del texto y sus oportunas observaciones; a Juan Fernando Sellés, por ser mi maestro y quien me introdujo en la filosofía de Leonardo Polo, y por sus aportes al presente trabajo; y a tantos otros, quienes con su acogida, conversaciones y consejos me han ayudado a dedicarme a la educación y a perfilar y llevar a cabo este libro.

De manera especial, quería agradecer a toda mi familia. Principalmente a mi mujer María Ignacia y a nuestra hija María, quienes me exigen pensar la educación cada día: por el cariño, la paciencia, sus oportunos consejos, por ayudarme a trabajar bien y descansar cuando es necesario, por la paz que me transmiten y el apoyo que siempre me brindan.

También agradezco a Dios por llamarme al gran desafío de dedicarme profesionalmente a la Educación, por lo que me ha regalado en el transcurso de estos años en la realización de esta tarea y por lo que me sigue regalando cada día, y por la oportunidad de concretar este proyecto.

Y a usted querido lector, por haberse animado a detenerse a pensar la educación.

Joaquín León-Parodi

Prólogo

La educación, para poder cumplir su importante misión necesita, por una parte, fundamentarse adecuadamente en la persona y en su crecimiento, en su dignidad más intrínseca y en su expresión más cabal; y, por otra parte, que la organización escolar y las didácticas empleadas sean coherentes con esta concepción de la persona y posibiliten su crecimiento integral, de modo que permita a cada persona ser protagonista activa de su vida y de su tiempo.

Si no tenemos una idea clara de qué, cómo y quién es la persona humana, tampoco tendremos un planteamiento educativo coherente. La pedagogía siempre supone y remite a una antropología. Es clave dirigir la mirada a la persona, para saber hacia dónde hay que dirigir al ser humano. ¿Qué significa ser hombre o mujer? ¿Cuál es nuestra verdad más fundamental?

Por eso siempre es bienvenido un libro como este, que se atreve a considerar la educación desde esta perspectiva fundamental y se plantea cuestiones radicales. ¿En qué consiste ser persona? ¿Cómo crecen y maduran las personas? ¿Cuál es el fin de la educación? Es cierto que, como todo planteamiento filosófico de fondo, hay que leerlo con calma, pensando, y eso obliga a un esfuerzo intelectual al que estamos cada vez más desacostumbrados, pero el doctor

León-Parodi consigue hacerlo de un modo muy sugerente e interesante.

Las notas características y constituyentes de la persona se resumen en la unidad, que exige de la educación *integridad*. La unidad es *armonía* y cohesión. A veces, la integridad se pierde, cuando una persona se polariza en un aspecto de su vida (en el trabajo, por ejemplo). Todas las acciones de ayuda confluyen en la persona. Quien existe de verdad es la persona. Hablamos en el lenguaje ordinario de una persona íntegra, cabal, de una pieza, coherente. Las personas íntegras son capaces de poner su sello personal en las diferentes manifestaciones de su vida.

La educación integral también ha de poner unidad, armonía, cohesión en los posibles aspectos de la vida personal. Hemos de fomentar en la educación el esfuerzo por ser coherentes. La educación ha de ser completa, referida a la totalidad de la persona. A veces, algunos se refieren a una educación integral como una suma de diferentes aspectos, pero es una visión superficial de la integridad. Ha de contemplar toda la riqueza del ser humano; por lo tanto, debe atender a la corporalidad, a la afectividad, y a la voluntad; sin perder de vista que cada persona es un quien único e irrepetible.

La persona humana, una y *entera*, presenta dos caras, en equilibrio: una *individual* y otra *social*. Por un lado, necesita crecer en interioridad, en intimidad personal y, por otro, crecer en diálogo y convivencia con aquellos con los que co-existe y ha de convivir. Es precisa una *armonía* entre los dos polos: ser yo y ser para los demás. Somos una intimidad abierta, co-existencial. Y, además, somos hijos: completa y radicalmente hijos. Hijos de nuestros padres y sobre todo hijos de Dios, nuestro Creador.

Los nuevos retos para la educación requieren el compromiso activo de todos los agentes educativos. En primer lugar, de la familia, los padres, a los que hay que redescubrir como los primeros y principales educadores de sus hijos, de quienes los hijos aprenden a ser personas en la convivencia diaria, por lo que son, más que por lo que hacen o dicen.

A continuación, de la escuela, principal colaborador de la familia en la educación de las nuevas generaciones. De la estrecha colaboración entre familia y escuela se espera una mejora en la calidad de la educación, tal y como apuntan multitud de investigaciones en educación.

Para ayudar y acompañar este desarrollo personal de cada alumno, el profesor ha de convertirse en orientador de procesos educativos, el profesional que ayuda a los padres, a los otros profesores y a los propios alumnos a alcanzar el proyecto personal de vida que se hayan forjado. En definitiva, en un educador.

Y, por último, de la sociedad en su conjunto, que nos ofrece un contexto cultural, unas ideas dominantes, un modo de entender la vida y las relaciones (las redes) que influyen significativamente en el desarrollo personal.

En el último capítulo, el doctor León-Parodi centra la atención en la actividad educativa, en un modo de educar que tiene en cuenta todo lo expuesto anteriormente. Una educación centrada en la persona es siempre una educación en y para la libertad personal, que exige el esfuerzo personal por aprender: y aprender supone un trabajo. La libertad de los alumnos necesita de la autoridad de los educadores para poder crecer y fortalecerse; se aprende de los que se ama y se corrige a los que se ama.

En definitiva, un libro que invita a la reflexión y representa una valiosa contribución de los filósofos para quienes vivimos el día a día de la educación.

José Antonio Alcázar Cano

Detenerse a pensar la educación

1. ¿Es necesario reflexionar teóricamente sobre la educación?

Considero que hay consenso en que el futuro de la sociedad se juega, en gran medida, en el presente de la educación. Si hacemos una encuesta –esas que hoy día están tan de moda– y preguntamos '¿cuál de los siguientes ámbitos es más relevante para el progreso de la sociedad?' y ponemos como primera opción 'la educación', no creo que mucha gente siga leyendo el resto de las alternativas... casi todos los encuestados se inclinarán intuitivamente por esta primera opción. Sin embargo, la relevancia que la educación tiene de cara a la sociedad no es lo más importante, sino que, como veremos a través de estas páginas, la educación tiene un cometido bastante más profundo: la educación ayuda a crecer a *cada persona*.

Aunque haya acuerdo sobre la importancia del quehacer educativo, existe un constante descontento sobre esta materia. Ya en 1980 Víctor García Hoz denunciaba que, si bien actualmente hay más recursos y medios que nunca para el desarrollo de la práctica educativa y de la investigación sobre el quehacer educativo, el descontento –de todo tipo– respecto de la educación no hace más que aumentar[1]. Lo mismo ocurre en la actualidad. La crisis educativa es una noticia que frecuentemente nos encontramos en cualquier medio de información que consultemos. **La educación es una actividad sumamente compleja, puesto que posee múltiples interrogantes que se buscan responder a través de diversas disciplinas** que estudian el quehacer educativo: la didáctica, la evaluación, el liderazgo educativo, la gestión escolar, la psicología, la neurociencia, la propia disciplina que se imparte, entre otras. A su vez, cada una de estas disciplinas utilizan distintos métodos de estudio para lograr su objeto. Y, si bien es común que se estudie la educación como una actividad práctica –porque sin duda lo es–, para poder realizar adecuadamente la práctica educativa es necesario primero fundamentar teóricamente su actividad. No parece posible que un ingeniero no haya profundizado en cálculo y física antes de dirigir la construcción de su primer puente o que un maratonista no se entere previamente de ciertos aspectos teóricos del running antes de lanzarse a entrenar para correr una maratón. Lo mismo ocurre con el quehacer educativo: antes de educar conviene *detenerse a pensar en qué consiste esta actividad tan relevante*.

Dicha fundamentación de la educación solo se logra desde una teoría sólida que pretenda dilucidar las verdades últimas –los principios– que son bases del quehacer educativo. Esto no quiere decir que haya que transformar la educación en algo mera-

---

1. "En nuestros días hay más escuelas, absoluta y relativamente hablando, que jamás hubo. Hay más puestos escolares, tanto en las instituciones de educación infantil cuanto en las universidades. Parece que las gentes habrían de estar más satisfechas que nunca con el desarrollo de la educación. Y justamente acontece lo contrario. Se tiene la impresión de que a medida que se extiende la educación se extiende también el descontento". GARCÍA HOZ, V., *La educación y sus máscaras (entre el pragmatismo y la revolución)*, Real Academia de Ciencias Morales y Políticas, Madrid, 1980, p. 18.

mente teórico y detenernos eternamente en sus principios últimos, sino que debemos procurar encontrar la armonía perfecta entre la teoría de la educación y la práctica educativa. En efecto, la buena teoría y la buena práctica están siempre unidas armónicamente: se retroalimentan entre sí. Una buena práctica requiere de la fundamentación de una buena teoría; y, a su vez, la buena teoría se nutrirá fructíferamente de una buena práctica.

Lo indicado es primordial en el ámbito educativo, puesto que, como la teoría debe siempre iluminar la práctica, sin una buena teoría, el quehacer educativo no podrá alcanzar su propio fin y quedará subordinado a la técnica... algo frecuente hoy en día. Por este motivo advierte el profesor Carlos Cardona que, en la educación, es necesario "recuperar con urgencia la unidad entre lo teórico y lo práctico"[2]. Es decir, **resulta urgente volcar la mirada hacia la teoría educativa, para lograr darle un buen contenido a la práctica pedagógica.** Esto se logrará con una correcta fundamentación de la actividad educativa. Y para ello es necesario que nos detengamos a pensar la Educación.

Lo dicho queda muy claro al estudiar cualquier carrera del ámbito de la Educación. Todo estudiante de Educación tiene un cierto número de asignaturas teóricas que aprobar. Estos cursos tienen un contenido que de una u otra manera pretenden fundamentar lo que ese estudiante llevará a cabo en la práctica pedagógica. De hecho, muchas de las cosas que se evalúan en asignaturas de 'prácticas profesionales' son contenidos que se han enseñado de alguna manera en cursos teóricos. También es común que los alumnos logren comprender en la práctica lo que algún profesor explicó en un salón de clases en la universidad. Lo mismo ocurre en la familia, aunque de manera diferente, ya que todo padre

---

2. CARDONA, C., *Ética del quehacer educativo*, 3ª edición, Rialp, Madrid, 2005, p. 23.

o madre antes de ser educador ha sido educado. Por consiguiente, los padres tendrán como experiencia educativa el recuerdo de cómo ellos fueron educados.

Sin embargo, desde hace un tiempo es común que al estudiar la educación nos centremos exclusivamente en la práctica pedagógica, es decir, en la enseñanza que imparte el profesor y el aprendizaje de los alumnos. Las pautas que se siguen para evaluar casi cualquier decisión educativa se limitan básicamente a ciertas pruebas estandarizadas. Vemos los resultados de una prueba y hacemos rankings de colegios... Con los resultados de otra prueba se justifica la decisión de entregar o denegar una subvención estatal... Incluso, muchos padres al momento de elegir un colegio para sus hijos se limitan casi exclusivamente a ver los resultados académicos que estos obtienen en las pruebas de ingreso a la universidad, respecto de lo cual hay también un ranking.

Lamentablemente se nos olvida —a todos: padres, profesores, directivos de colegios y políticos— que el quehacer educativo no se trata solo de aprender un contenido determinado. Ni siquiera se trata de aprender una conducta 'deseada'. La educación es algo mucho más profundo que aprender algo o instruirse para hacer algo de cierta forma. Tener esto presente es fundamental, ya que si perdemos de vista lo que realmente es educar podemos caer —y lamentablemente caemos a diario— en transformar la tarea educativa en mera instrucción, es decir, en una simple técnica mecanizada. Y eso, aunque tratemos de convencernos de lo contrario, no es educar.

Este libro nace a partir de las observaciones que acabamos de hacer. Primero, por necesidad de quien lo escribe, que como profesor y padre de familia requiere pensar constantemente sobre su quehacer profesional y familiar. Y segundo, para ayudar a muchos educadores —tanto padres como profesores y directivos de colegios— a detenerse y pensar en la educación. De esto se trata este libro: de sentarnos, con calma –con un buen café o una cerveza bien fría–, a pensar en la Educación, para comprender –al menos en parte– sus fundamentos últimos y así cimentar, de manera correcta, la práctica educativa. El objetivo es poder ofrecer una guía para que cualquier educador pueda detenerse a pensar la educación.

Para lograr este propósito seguiremos un itinerario que procura responder los interrogantes que fundan el quehacer educativo, a saber:

1. ¿A quién se educa? Es decir, el sujeto de la educación.
2. ¿Para qué se educa? Que responde al fin del quehacer educativo.
3. ¿Quiénes educan? Que apunta a los agentes educadores.
4. ¿Cómo educar? Esto es, la manera de educar.

2. El estudio de la Educación desde la filosofía

Actualmente, a la hora de buscar el porqué de las cosas, por lo general, son las ciencias modernas las que toman la delantera. Esto es así porque, ordinariamente, al momento de analizar las distintas actividades del ser humano se busca una explicación que pueda comprobarse de forma empírica a través del llamado método científico. Incluso, en algunos ambientes se tiende a menospreciar los saberes que no utilizan dicho método, particularmente las humanidades. Tanto así que las ciencias más 'prestigiosas' son aquellas que siguen este método empírico, llegando a imponer a otras áreas del saber los criterios utilizados por ellos para 'hacer ciencia'. Lo dicho ocurre de manera patente en el ámbito educativo: todo lo que no es medible pasa a ser menospreciado en las Ciencias de la Educación. Todavía recuerdo la rotunda expresión de un prestigioso profesor universitario que comentaba que 'lo que no se ha medido no existe en educación'. Pero atención, **no todo es medible en un ámbito tan complejo como este**... Y todavía más: para pesar y desconsuelo de muchos, **lo más importante a la hora de educar no es medible ni mesurable**.

En efecto, y yendo contracorriente, conviene señalar que las ciencias empíricas o de carácter experimental no son capaces de fundamentar correctamente la actividad educativa. En este sentido, afirma Víctor García Hoz que la insuficiencia de las ciencias empíricas para fundamentar la educación "se torna evidente desde el momento en que, saliéndonos del terreno de los hechos, nos planteamos el problema del fin o del *deber ser* en la educación"[3]. Las ciencias empíricas no pueden responder este interrogante –y por ende, no pueden fundamentar la educación–, ya que estudian datos y hechos concretos, no estudian el *para qué* de las cosas. Es evidente que los hechos concretos no fundamentan este *para qué*. Además, conviene agregar que, según el parecer de Yepes y Aranguren, la conducta del hombre –que, como se verá a continuación, es fundamental para el quehacer educativo– "no admite un tratamiento puramente científico pues la *persona* escapa a sus métodos. Por un lado, la ciencia versa sobre lo general y lo abstracto. En cambio, lo propio de la persona es lo singular y su intimidad. Las leyes no reflejan la singularidad de cada *quien*"[4]. Por este motivo podemos afirmar que la fundamentación de la educación no se puede sustentar únicamente con encuestas, pruebas o estadísticas.

Lo anterior, no quiere decir que haya que prescindir de las ciencias empíricas para reflexionar sobre la educación, ya que tales ciencias pueden servir de manera auxiliar, puesto que nos entrega-

---

3. García Hoz, V., *Principios de pedagogía sistemática*, 3ª edición, Rialp, Madrid, 1966, p. 50.

4. Yepes, R. y Aranguren, J., *Fundamentos de Antropología. Un ideal de la excelencia humana*, Eunsa, Pamplona, 2003, p. 102.

rán conocimientos y herramientas muy valiosos, pero de manera auxiliar. **No se trata de minusvalorar las ciencias empíricas en la investigación educativa, sino que de poner orden.** El estudio de la educación claramente puede beneficiarse –y lo hace– a través del estudio de las ciencias empíricas, pero es claro también que se les sacará mayor provecho a estos datos cuando previamente exista un fundamento sólido de fondo que sustente qué es la educación, qué se busca al educar y cómo alcanzar esto que se busca. **La disciplina que logrará esta fundamentación del quehacer educativo es la filosofía.** De ahí la relevancia de la *Filosofía de la Educación*. La filosofía, que es la actividad teórica por excelencia del ser humano, busca la verdad de manera desinteresada, es decir, no utilitarista. Así lo señala José Ignacio Murillo al considerar que "una de las características distintivas de la filosofía es que se concibe a sí misma desde su origen como un estudio dirigido a conocer la verdad por sí misma. El fin de esta actividad es el saber, y, sólo después, el saber influye en la conducta"[5]. Es por esto que el estudio de la educación necesita ser fundamentado desde la filosofía, y así lograr lo que propone el filósofo de la educación Francisco Altarejos: "más que inventar algo nuevo en la educación, lo imperioso es volver a las raíces"[6].

La filosofía de la educación estudia las verdades últimas –esto es, los principios fundantes– del quehacer educativo. Esto quiere decir que enfoca la educación desde sus causas últimas para esclarecer en qué consiste, cuál es su objetivo y cómo llevarlo a cabo. Por consiguiente, si se prescinde de ella probablemente ocurrirá que la educación se llenará de elementos accesorios, apar-

---

5. Murillo, J. I., *Invitación a la antropología*, pro manuscripto, p. 15.
6. Altarejos, F., *Estudio introductorio. Leonardo Polo: Pensar la educación*, en Polo, L., *Ayudar a crecer. Cuestiones de filosofía de la educación*, Eunsa, Pamplona, 2024, p. 60.

tándose de lo fundamental, y corriendo el riesgo de reducirla a una mera técnica. Esto es así debido a que, como señala Maritain, "la educación no puede escapar a los problemas y embrollos de la filosofía porque esta presupone, por su propia naturaleza, una filosofía del hombre y, desde el principio, está obligada a responder a la pregunta que se hace todo pensamiento filosófico: «¿Qué es el hombre?»"[7].

3. Una filosofía de la educación cimentada en el conocimiento del ser humano

Tras lo indicado, ahora cabe reflexionar sobre las fuentes de las que deberá nutrirse la Filosofía de la Educación para fundamentar correctamente el quehacer educativo. En este sentido, nos parece evidente que para poder fundamentar la educación se requiere estudiar, desde la filosofía, al ser humano, ya que de cómo entendamos al ser humano, dependerá cómo entenderemos sus actividades y el sentido de estas. **Un conocimiento profundo del ser humano será necesario para responder los interrogantes del quehacer educativo que se enunciaron más arriba; y para que este estudio del ser humano sea correcto ha de ser sistémico o armónico**, de manera que se eviten los reduccionismos modernos que lo analizan desde sus limitaciones y se olvidan de que, si bien el ser humano es un ser imperfecto –ya que tiene muchas limitaciones–, posee la inigualable capacidad de perfeccionarse y mejorar.

Teniendo presente que la educación debe fundamentarse mediante un estudio sistémico y armónico del hombre desde la filo-

---

7. MARITAIN, J., *La educación en la encrucijada*, Ediciones Palabra, Madrid, 2008, p. 21.

sofía, cabe aclarar a cuál de sus ramas le corresponde este estudio. Generalmente se ha considerado que el estudio de la educación, por tratarse de un saber práctico, corresponde a la ética filosófica, que es la rama de la filosofía que estudia la actividad humana. Esta corriente sostiene que, si el fin del hombre se logra por medio de su actuar conforme a la ética, la filosofía de la educación vendrá a colaborar con la Ética, encaminando dicho actuar ético, por lo que se deberá subordinar a ella.

Si bien este planteamiento nos parece acertado, todavía conviene dar un paso más respecto de la fundamentación del quehacer educativo. Si centramos la atención en el objeto que estudia la Ética, nos daremos cuenta de que dicha filosofía estudia los actos del ser humano y, por lo tanto, para una correcta comprensión y fundamentación de dichos actos, la Ética necesariamente se debe enmarcar dentro de la antropología filosófica, que es la rama de la filosofía que estudia el ser del hombre. Como dice el adagio clásico *el obrar sigue al ser*, por lo que sin una correcta antropología no se puede hacer una ética completa. Siguiendo este enfoque, **estas páginas pretenden reflexionar sobre la educación desde una perspectiva antropológica**. Desde ahí se buscará fundamentar la práctica educativa. Como afirma gráficamente Leonardo Polo: "el educador tiene que ser humanista, tiene que darse cuenta que está educando a seres humanos, no a caballos, sino a seres humanos"[8]. Por ende, un conocimiento profundo del ser humano es necesario a la hora de educar y, sobre todo, a la hora de fundamentar la educación.

Lo anterior resulta clave para reflexionar sobre el quehacer educativo, puesto que, en rigor, la educación es exclusiva del ser humano. Así lo expone Ángel González Álvarez, al señalar que "la

---

8. POLO, L., *Artículos y conferencias*, en *Obras Completas*, Serie B-III, vol. XXX, Eunsa, Pamplona, 2022, p. 374.

educación se encuentra radicada en el hombre, en la persona humana como en su fundamento último"[9]. Sin ser humano no hay educación, porque solo este es educable. En este sentido, se puede afirmar que la educación necesita del ser humano para poder existir; puesto que solo existe con relación a él.

Es importante, reiteramos, fundamentar filosóficamente la educación desde la antropología, ya que el hombre es una realidad muy compleja y, por ende, debe ser estudiado rigurosamente. Además, es necesario lograr esta fundamentación por medio de una antropología que estudie correctamente al ser humano, una antropología sistémica, armónica y coherente. Dependiendo de la concepción de ser humano que tengamos se fundamentará la educación de una forma u otra; y de esa fundamentación dependerá la práctica educativa. Es decir, de cómo entendamos al ser humano dependerá el cómo lo educaremos. Muchos errores educativos son causados por una errónea concepción del ser humano, ya que un mal entendimiento de este decantará en una errónea fundamentación de su educación y, consecuentemente, en una práctica educativa equivocada.

Conviene tener en cuenta que estas páginas se inspiran en la antropología aristotélico-tomista (la tradición filosófica clásica propuesta por Aristóteles y Tomás de Aquino). A dicho pensamiento se añaden los fructíferos descubrimientos de Leonardo Polo[10] y de otros autores contemporáneos coincidentes con la tradición clásica.

---

9. González Álvarez, Á., *Filosofía de la educación*, Escuela Española, Madrid, 1956, p. 27. Luego añade: "Los seres ontológicamente inferiores al hombre no la hacen posible; los seres superiores la hacen innecesaria". *Ibid.*, p. 19.

10. Leonardo Polo es un filósofo español que se desempeñó como investigador y profesor en la Universidad de Navarra, con un breve paréntesis de dos años en Granada y con múltiples visitas para impartir cursos en distintas uni-

Finalmente, conviene precisar que la lectura de estas páginas no requiere de conocimientos filosóficos previos. Al menos, eso se procura... **Lo único necesario es tener la intención de *detenerse a pensar la educación*.** Dicho de manera más clara: usted tiene entre manos un libro para educadores, no un 'ladrillo' para especialistas en filosofía de la educación.

versidades de Latinoamérica. La filosofía poliana continúa la tradición clásica y escolástica, ampliando los hallazgos de Aristóteles y Tomás de Aquino. Cfr. FRANQUET, M. J., "Trayectoria intelectual de Leonardo Polo", *Anuario Filosófico*, Nº 29/2, 1996.

Capítulo I
El ser humano como sujeto de la educación

El ser humano es una realidad muy compleja y su estudio –como decíamos más arriba– es elemental para fundamentar la tarea de educar. Entender bien al ser humano –sujeto de la educación– es una necesidad imperiosa para poder educar correctamente. Sin embargo, es algo que irónicamente se ha dejado de lado en la formación de los educadores. En este capítulo buscaremos esclarecer el primer gran interrogante del quehacer educativo: ¿a quién se educa?, dilucidando de esta manera al sujeto de la educación. Así, nos adentraremos en la realidad más profunda del ser humano para obtener de estas reflexiones consecuencias educativas que permitan ayudarnos a fundamentar la Educación.

Solo el ser humano es educable y, por consiguiente, es un requisito indispensable para que haya educación: las plantas y los animales no son educables. Si estudiamos correctamente su realidad, podremos reflexionar acertadamente sobre los demás interrogantes de la educación. Pero si no entendemos bien al ser humano, será muy difícil –o casi imposible– llevar a cabo una correcta fundamentación del quehacer educativo.

Para estudiar al sujeto de la educación, seguiremos el siguiente itinerario. Primero, contestaremos tres interrogantes que podemos hacernos sobre el ser humano, en los apartados 'Qué y cómo es el ser humano' y 'Quién es el ser humano'. Luego, viendo que el ser humano está conformado por distintas capas, estudiaremos la armonía e integralidad de todas ellas, en la sección 'El estudio sistémico del ser humano'. Posteriormente, nos adentraremos en la razón de porqué el ser humano es educable, en los epígrafes 'La condición filial del ser humano' y 'El crecimiento humano'. Para finalizar, en el último apartado estudiaremos el concepto de educación.

1. Qué, cómo y quién es el ser humano

Si nos detenemos a reflexionar sobre la realidad del ser humano, podemos notar que existen tres preguntas claves sobre el mismo: ¿qué es el ser humano?, ¿cómo es el ser humano? y ¿quién es el ser humano? Estos mismos interrogantes nos los hemos formulado todos en primera persona: ¿qué soy?, ¿cómo soy? y ¿quién soy? A simple vista pareciera ser que las tres preguntas tienen la misma respuesta, pero si pensamos con agudeza podemos percibir que existe una distinción entre *qué* somos, *cómo* somos y *quiénes* somos.

Dicho de manera sintética, las respuestas a estas tres cuestiones serían más o menos así. Frente al interrogante de *qué soy*, podemos afirmar que somos un individuo de la especie humana, lo que implica ser distinto a cualquier otro animal o vegetal. Esto hace referencia a que todo ser humano tiene la misma naturaleza, distinta a la naturaleza de las demás especies. Respecto de la pregunta de *cómo soy*, podríamos responder que cada uno tiene ciertas características, las cuales nos distinguen de los demás seres humanos. Sin embargo, estas características no nos vienen dadas, sino que las adquirimos con el paso del tiempo. A estas cualidades adquiridas las podemos denominar perfecciones o imperfecciones, dependiendo de si nos hacen 'más humanos' o no, es decir, dependiendo de si perfeccionan o no nuestra naturaleza. Y, finalmente, frente a la cuestión de *quién soy*, cada uno respondería con su nombre personal: soy 'Fulano', soy 'Mengano' –todos responderíamos a este tercer interrogante diciendo nuestro propio nombre–. Este ejercicio, aparentemente sencillo, es muy interesante, porque al hacerlo nos daremos cuenta de que existe una real distinción entre nuestra *naturaleza* –el qué somos: seres humanos–, nuestra *esencia* –el cómo somos: nuestras perfecciones personales a esa naturaleza– y nuestro ser –el quién somos: una persona única e irrepetible–.

Esto es lo que descubre Leonardo Polo al estudiar al ser humano en su *Antropología trascendental*. Partiendo desde la distinción real ser-esencia, descubierta por Tomás de Aquino, distingue en el ser humano tres dimensiones. La primera es la '*naturaleza humana*', conformada por la corporalidad del hombre –sus sentidos cognoscitivos, sus apetitos y su función locomotriz– y por su alma –con sus potencias inmateriales de inteligencia y voluntad en su estado natural, es decir, antes de adquirir ciertas perfecciones personales–. Superior a la naturaleza es la '*esencia del hombre*', que consiste en la perfección de la naturaleza humana, esto es, cuando la naturaleza es 'esencializada' por cada persona. Finalmente, se encuentra la '*persona*', el acto de ser personal, ese cada quién único e irrepetible. Es importante aclarar que para Leonardo Polo la *naturaleza* y la *esencia* dependen de la *persona*; y es la *persona* la que perfecciona su naturaleza, la persona se manifiesta en su esencia.

Lo expuesto sobre el ser humano es bastante más complicado y, para ser justos con la profundidad de la filosofía descubierta por Leonardo Polo, acá se ha explicitado de manera bastante resumida y para no filósofos, ya que se podrían escribir cientos de páginas para poder fundamentar cabalmente estas ideas sobre el ser humano[1]. A continuación intentaremos ahondar en estos elementos para poder dilucidar *qué* es ese educando que tenemos frente a nosotros, *cómo* puede llegar a perfeccionar su naturaleza con nuestra ayuda y *quién es* y está *llamado a ser* cada persona –única e irrepetible– y las consecuencias que esto tiene de cara a la educación.

A. Qué y cómo es el ser humano

Según afirmamos recién, la naturaleza humana –lo que es común a todo individuo de nuestra especie– se encuentra formada por una dimensión material, el cuerpo humano, y por una dimensión espiritual, el alma humana.

La primera dimensión de la naturaleza humana es el cuerpo. El cuerpo tiene sus funciones vegetativas básicas: la nutrición, la reproducción y el crecimiento diferencial. Además, el cuerpo humano tiene los sentidos cognoscitivos por medio de los cuales conoce. En primer lugar, nos encontramos con los sentidos externos: el tacto, el gusto, el olfato, el oído y la vista. Y, a su vez, tenemos los sentidos internos: el sensorio común, la imaginación, la memoria y la cogitativa. Por otro lado, el ser humano tiene los apetitos sensibles –la tendencia corporal– por medio de los cuales desea cosas. Aquí encontramos el apetito concupiscible, que es el deseo a un bien que se presenta como deleitable –la comida, la bebida o el placer sexual–, que se encuentra fácilmente al alcance del ser humano; y el apetito irascible, que consiste en la tendencia a un

---

1. Para profundizar en estas ideas sobre el ser humano se puede consultar: Polo, L., *Antropología trascendental* en Obras Completas, Serie A, vol. XV, Eunsa, Pamplona, 2016; Sellés, J. F., *Antropología para inconformes*, Rialp, Madrid, 2011; García González, J. A., *El hombre como persona. Antropología filosófica*, Ideas y Libros ediciones, Madrid, 2019; León-Parodi, J., *Fundamentación antropológica de la educación desde la filosofía de Leonardo Polo*, Eunsa, Pamplona, 2024.

bien que se presenta como conveniente y arduo de alcanzar. Finalmente, la corporalidad tiene lo que se llama la función locomotriz, que consiste en el movimiento propiamente tal. *En su sensibilidad, el ser humano conoce –a través de los sentidos–, apetece algo –por medio de los apetitos– y actúa –a través de la locomoción–*. Estas son las tres fases del actuar sensitivo humano, pero como se verá a continuación, para un actuar propiamente humano tenemos que añadir las facultades inmateriales del alma –la inteligencia y la voluntad–.

El cuerpo humano se caracteriza por ser material y, por tanto, todo en él –todas sus facultades sensibles– tiene soporte orgánico. Por este motivo, como se verá más adelante, el crecimiento de estas facultades siempre será finito, puesto que el crecimiento orgánico es siempre limitado.

Por su parte, el 'alma' espiritual, está dotada de dos potencias inmateriales: la inteligencia y la voluntad. La inteligencia tiene como objeto conocer la verdad, y la voluntad tiene como fin querer el bien. El alma y sus potencias inmateriales de inteligencia y voluntad, a diferencia de las facultades sensibles, no tiene base orgánica y, por consiguiente, el crecimiento de las potencias del alma –por medio de la adquisición de hábitos intelectuales y virtudes morales– es de carácter irrestricto o ilimitado.

El cuerpo y el alma –que no 'son' la *persona* sino 'de' la *persona*– pueden estar en estado de naturaleza –qué somos, lo común a todos los hombres– o de esencia –cómo somos, esto es, las perfecciones que cada persona da a su naturaleza–. Inicialmente las potencias del alma se encuentran en estado natural, la inteligencia a modo de *tabula rasa* y la voluntad como *potencia pasiva*. Esto es lo que responde a la interrogante de *qué* es el ser humano. Es lo que se denomina 'naturaleza humana'. Leonardo Polo lo expresa así: "el hombre es un ser que posee lo que suele llamarse una naturaleza. En esa naturaleza están unidas una dimensión espiritual que se llama alma –un alma inmortal– y un cuerpo muy peculiar"[2]. Luego, la *persona* –el núcleo personal, la intimidad de cada quién– se va manifestando en su naturaleza y la eleva al nivel de *esencia*: la perfecciona, la hace crecer. La perfección de la naturaleza es lo que se denomina *esencia* en la antropología trascendental. Consiguientemente, esencia denota perfección, y responde al interrogante de *cómo* es el ser humano.

Para Leonardo Polo, la tenue esencialización de la corporalidad humana[3] consiste en que el cuerpo es 'recibido' por el acto de ser personal; es a lo que llama 'vivificar' el cuerpo[4]: "la recepción de la vida recibida por la manifestación esencial puede llamarse también *esencialización* de la naturaleza"[5]. El cuerpo es la vida recibida de los padres, pero tal cuerpo se encuentra espiritualizado, ya que cada *persona* recibe 'su' cuerpo. Esto quiere decir que el cuerpo no es la persona, pero hay un cuerpo para cada persona: un cuerpo personal. Si bien el cuerpo se esencializa, cabe advertir que esta esencialización es limitada, ya que la corporalidad humana

---

2. POLO, L., *Ética. Hacia una versión moderna de los temas clásicos,* en *Obras Completas,* Serie A, vol. XI, Eunsa, Pamplona, 2018, p. 212.

3. "El cuerpo humano no es la esencia del hombre, es una dimensión de la esencia del hombre, pero no la única. Para aclararlo debemos considerar la noción de *naturaleza*, porque el cuerpo es señal evidente de la naturaleza humana, la cual es personalmente esencializable". POLO, L., *La esencia del hombre,* en *Obras Completas,* Serie A, vol. XXIII, Eunsa, Pamplona, 2015, p. 300.

4. "En la dualidad alma-cuerpo, el cuerpo lo es en tanto que recibido. Este difícil asunto se debe enfocar desde el tiempo. La recepción es algo así como un conato de vencer el retraso del tiempo físico. Recibido por el alma, el cuerpo ya no es retraso, sino que se orienta hacia la presencia. Por eso, la presencia es la guarda de la esencia en tanto que el cuerpo es recibido. La esencialización del cuerpo saca al cuerpo del retraso al conectarlo con la presencia. De manera que el cuerpo humano es físico sólo hasta cierto punto, es decir, en cuanto no llega a vencer del todo el retraso". POLO, L., *Antropología trascendental,* p. 585.

5. *Ibid.,* p. 342.

es mortal; por tanto, por mucho que intentemos perfeccionar el cuerpo, tales perfecciones no son permanentes.

Por su parte, las potencias inmateriales de inteligencia y voluntad, se esencializan –se perfeccionan, crecen– progresivamente ejerciendo sus actos propios –actos de conocer y querer respectivamente– y adquiriendo hábitos intelectuales y virtudes morales, suscitados en un caso, constituidos en otro, por la *persona*. Además, en contrapartida a lo que ocurre con el cuerpo, para Polo, **las potencias espirituales pueden crecer de manera irrestricta, ya que son inmateriales**[6].

B. Quién es el ser humano

1) Una intimidad única e irrepetible

La antropología trascendental descubierta por Leonardo Polo considera que todo ser humano es un quién irreductible, esto es, único e irrepetible: "el ser personal es el 'quién' o 'cada quién'... La persona como 'cada quién' se distingue de las demás por irreductible. Hablar de persona de modo común, o en sentido general, es una reducción. Nadie es la persona de 'otro'"[7]. De esta manera, Polo sostiene que cada *persona* es única, irrepetible e insustituible, es decir, cada ser humano es único e irrepetible en su acto de ser personal, en su intimidad radical, en su núcleo personal, no en su naturaleza, puesto que la naturaleza es común a todos los hombres: todo ser humano tiene un cuerpo y un alma como los conocemos.

---

6. "Conviene señalar que el hombre es capaz de un crecimiento irrestricto, superior al crecimiento orgánico por pertenecer al orden del espíritu; dicho crecimiento es interior a las potencias más altas: la inteligencia y la voluntad". POLO, L., *Epistemología, creación y divinidad,* en *Obras Completas,* Serie A, vol. XXVII, Eunsa, Pamplona, 2015, p. 113.

7. POLO, L., *Antropología trascendental,* p. 105.

Según el parecer de Polo, Aristóteles consideraba que el ser humano se caracterizaba por su capacidad de tener[8]. En él se pueden distinguir tres tipos de teneres: se puede tener un reloj según el cuerpo, se puede tener la idea de perro según la operación inmanente –la operación racional– y se puede tener el hábito abstractivo o la templanza según el hábito intelectual o la virtud moral respectivamente[9]. Estos teneres se encuentran a nivel de naturaleza –qué somos– y esencia –cómo somos–. Sin embargo, desde la antropología trascendental descubierta por Leonardo Polo, al considerar a la persona como única e irrepetible, se concluye que el ser humano, además de su capacidad de tener, también puede añadir: "el hombre no se define últimamente, o sólo, como el ser capaz de tener, puesto que es preciso encontrar la raíz de su capacidad de *dar*. El principio de la dación ha de ser más radical que la inmanencia, e incluso que la virtud. Es lo que se llama *intimidad*"[10]. Así, "mientras la *naturaleza* y la *esencia* constituyen al hombre en un ser capaz de tener –como propone, según Polo,

---

8. "El hombre no es animal racional sino animal que *tiene* razón, y tener razón significa, a su vez, tener la verdad". Polo, L., *La persona humana y su crecimiento*, en *Obras Completas*, Serie A, vol. XIII, Eunsa, Pamplona, 2015, p. 87. "Aristóteles dice que el hombre es el *zoon lógon ekhon*… animal que tiene razón". *Artículos y conferencias*, p. 325. Esta idea del Estagirita se encuentra en varias de sus obras: "Cierta actividad propia del ente que tiene razón". Aristóteles, *Ética a Nicómaco*, I, 7, 1098a. "El hombre además es guiado por la razón; él solo posee razón". *Política*, VII, 1332b.

9. "Los niveles de tener en el hombre que señalan los clásicos son tres. En primer lugar, el hombre es capaz de tener *según su cuerpo*. En segundo lugar, el hombre es capaz de tener según lo que se suele llamar *operación inmanente*, es decir, estrictamente hablando, la operación racional, la operación cognoscitiva… el hombre es *capaz de tener virtudes*. Y tener virtudes es más intrínseco que cualquiera de los otros dos modos de tener". Polo, L., *Artículos y conferencias*, p. 326.

10. Polo, L., *Epistemología, creación y divinidad*, p. 59.

la antropología aristotélica–, el *acto de ser personal* lo constituye en un ser aportante"[11].

Si cada persona es única e irrepetible en su acto de ser, eso quiere decir que nadie puede ser la *persona* de otro. Es por este motivo que se debe sostener que toda *persona*, por ser una novedad –única e irrepetible–, es un *ser aportante*, ya que al ser *cada quién* una novedad radical, cada *persona* está llamada a aportar de una manera que nadie más lo ha hecho nunca, ni nadie más podrá hacerlo jamás. **Cada *persona* está llamada a aportar algo único e irrepetible desde su *intimidad*.** En esto consiste ser persona: en *añadir* algo *personal*; aportar algo nuevo que nadie más puede añadir, de manera que –como advierte Polo– el "hombre es un ser innovante, de cuya actuación depende algo que sin ella no existe de ninguna manera. Es novante porque aporta, y no desde el mundo, sino desde sí"[12]. Por lo dicho, **cada *persona* debe albergar en su intimidad una misión que le es propia y que nadie más puede cumplir: una forma personal de aportar.** Es decir, cada *persona* está llamada a su propia misión *íntima*, que se llama '*vocación*', para aportar desde su ser personal.

Eso quiere decir que lo que cada uno de nosotros, como educadores, podemos añadir a nuestros educandos es único e irrepetible. Ningún otro educador podrá aportar a nuestros educandos lo que nosotros estamos llamados a aportarles y la manera en que podemos hacerlo. Lo mismo respecto de lo que nuestros educandos puedan aportar al mundo y a los demás. Esta realidad da a la educación dos consecuencias. La primera es que **cada educador –el padre, la madre y cada uno de los profesores de un niño o adolescente– aportará algo único e irrepetible al educando**

11. León-Parodi, J., *Fundamentación antropológica de la educación desde la filosofía de Leonardo Polo*, p. 70.
12. Polo, L., *La esencia del hombre*, p. 65.

ayudándolo a crecer de una forma que nadie más podrá hacerlo. La segunda consecuencia es que **hemos de ayudar a cada educando según *es* y según está *llamado a ser*.** Esto es lo que se ha denominado educación personalizada o educación centrada en la persona, sobre la que reflexionaremos más adelante.

2) *El acto de ser personal*[13]

Una advertencia: este apartado está escrito para quienes estén interesados en comprender qué entiende Leonardo Polo por la *intimidad personal* o *acto de ser personal*, por lo que se utiliza en él un lenguaje técnico. Si el lector de esta obra no tiene un interés particular en la fundamentación filosófica, puede saltarse al siguiente apartado.

Al alcanzar la intimidad personal, Leonardo Polo sostiene que el acto de ser personal está conformado por los trascendentales personales[14]: *coexistencia libre, conocer personal y amar donal personal*[15]. Sin embargo, hay que advertir que, aunque se pueden distinguir tres trascendentales personales, se debe que tener en cuenta

---

13. Esta sección se encuentra publicada en LEÓN-PARODI, J., *Una filosofía de la educación centrada en la persona y con miras a la trascendencia*, Estudio Introductorio en POLO, L., *Ayudar a crecer. Cuestiones de filosofía de la educación*, Eunsa, Pamplona, 2024. Sin embargo, para dar coherencia al texto, se añaden cambios mínimos.

14. Como explica Juan Fernando Selles, los trascendentales personales son "una perfección pura, sin mezcla de imperfección, pues si es acto, hay que erradicar de él la potencia. Pero se trata de una perfección pura que no es propia de toda realidad, sino exclusiva de las realidades personales". *El conocer personal. Estudio del entendimiento agente según Leonardo Polo*, Cuadernos de Anuario Filosófico, Nº 163, Servicio de Publicaciones de la Universidad de Navarra, Pamplona, 2003, p. 11. A esto añade que los trascendentales personales "son esos radicales humanos que conforman el núcleo personal humano". *Ibid.*, p. 20.

15. Leonardo Polo en su *Antropología trascendental* distingue cuatro trascendentales −separando la coexistencia de la libertad−, pero al final de su vida

que cada ser humano es una *persona* y no tres personas distintas. A raíz de esto, se debe contemplar que los trascendentales personales son armónicos entre sí y siempre actúan al unísono. Los trascendentales personales se convierten entre sí, y actúan conjuntamente. Como refiere Polo, "no se puede ser intelecto agente si no se es libre, y no se puede ser donal sin intelecto agente y sin libertad"[16].

El acto de ser personal es *coexistencia libre* porque la persona desde su intimidad es libertad y es abierta –jamás encerrada en sí misma–: "co-existencia designa el ser personal como más que existente. Se dice que el ser del universo existe, pero no que co-existe. Cabe sostener que el hombre existe, pero no basta con eso; conviene añadir que co-existe"[17]. Además, **a nivel personal, la *persona* no 'tiene' libertad, sino que es libertad.** Para Polo, la libertad en el hombre no se limita al elegir de la voluntad: "la libertad es un trascendental personal. Pero la libertad personal no es la libertad de elección, que es una libertad derivada de aquélla, una aparición de la libertad humana pero no radical. La libertad trascendental no es simplemente libertad de elección, ni es el libre albedrío clásico"[18]. Libertad indica apertura. Esto quiere decir que, en su acto de ser personal, cada quién se encuentra abierto al futuro de manera irrestricta –Polo lo describe con la expresión 'no desfuturización del futuro'[19]–.

---

indicó que no hay verdadera distinción entre coexistencia y libertad, porque la coexistencia no puede ser necesaria: tiene que ser libre.

16. POLO, L., *La esencia del hombre*, p. 172.

17. POLO, L., *Antropología trascendental*, p. 43. A esto se debe añadir que "la antropología trascendental es la doctrina acerca del co-ser humano o bien de la co-existencia. El hombre no se limita a ser, sino que co-es. *Co-ser designa la persona*, es decir, la realidad abierta en intimidad y también hacia fuera; por tanto, *co-ser* alude a *ser-con*". *Ibid.*, p. 42.

18. POLO, L., *La esencia del hombre*, p. 295.

19. "*La no desfuturización del futuro...* El que no desfuturiza es aquel para quien el tiempo no es un tiempo que se gaste, porque por mucho que viva siem-

De lo dicho se debe concluir que una *persona* sola es pura tragedia, un absurdo, porque el acto de ser del hombre está creado para coexistir: "la persona humana está vertida hacia personas o es una tragedia. En rigor, la noción de persona humana única carece de sentido"[20]. Dicho de otra manera: "la persona única es una contradicción. Tomás de Aquino lo dice de una manera taxativa cuando indica que un *amor* no correspondido es un amor absurdo. Más aún: habría que matarlo. En rigor, un amor que no sea el amor de un amante y que se refiera a otro amante, no es un amor personal"[21].

Cada quién se abre en su intimidad personal en búsqueda de alguien con quien coexistir. La persona es apertura: *"co-existencial* quiere decir que está abierto *a*, es decir, no puede detenerse en sí mismo"[22]. Dicho de otra manera: "la intimidad como pura relación consigo sería una cárcel que conduce a la desesperación"[23]. Sin embargo, Leonardo Polo considera que, al buscar con quien coexistir, "la persona humana descubre que interiormente carece de réplica. Ahora bien, como esa carencia no puede ser definitiva, es, por tanto, activa de inmediato"[24]. En su intimidad la persona se da cuenta que no *es* 'otra' persona distinta con la que pueda coexistir. A esto le llama Polo 'carencia de réplica'; y esta carencia de réplica proporciona una orientación,

---

pre tiene el futuro abierto". POLO, L., *Persona y libertad,* en *Obras Completas,* Serie A, vol. XIX, Eunsa, Pamplona, 2017, p. 159.

20. POLO, L., *Epistemología, creación y divinidad,* p. 257.
21. *Ibid.,* p. 258. Esta idea de Tomás de Aquino aparece en siguiente texto de la Summa contra gentiles: "Lo principal en la intención del amante es ser correspondido en el amor por el ser amado, pues la inclinación del amante tienda principalmente a atraer al amado hacia su amor; y si no ocurriera esto, sería necesario destruir el amor". *Summa contra gentes,* III, c. 151.
22. POLO, L., *Epistemología, creación y divinidad,* p. 257.
23. *Ibid.,* p. 202.
24. POLO, L., *Antropología trascendental,* p. 233.

que se activa libremente en búsqueda: "la apertura interior es el descubrimiento de lo que he llamado carencia de réplica, y se dualiza con la apertura hacia dentro, que es el descubrimiento de que esa carencia no puede ser definitiva. Según este último descubrimiento se alcanzan los trascendentales en los que el carácter de *además* se *trueca* en búsqueda, a saber, el intelecto personal y el amar trascendental"[25]. Esta réplica que se busca es más íntima a la persona humana que su propio coexistir, de manera que la libertad requiere de un conocer para destinarse a la réplica. De esta forma, la libertad se convierte con el conocer personal y con el amar donal personal, a quienes corresponde la búsqueda de réplica. Por este motivo, señala Leonardo Polo que "la libertad puede entenderse como la actividad que anima la búsqueda, porque tanto la búsqueda de réplica como la búsqueda de aceptación son activamente libres"[26].

La intimidad personal es *conocer personal*. Por la carencia de réplica, que no puede ser definitiva, la *persona* se lanza en búsqueda de 'con quién coexistir' mediante el conocer personal: "la réplica que se busca es más íntima a la persona humana que su propio co-existir. Se busca hacia dentro, no hacia fuera, puesto que el intelecto personal no es una luz iluminante, sino una luz transparente"[27]. Se lanza en búsqueda para desvelar su *sentido personal*. **El hombre sabe *qué es*, y en cierto modo en qué radica su novedad, su distinción personal, pero tiene que descubrir progresivamente *quién es*.**

En esta búsqueda el conocer personal no se encuentra consigo mismo, puesto que el conocimiento humano no es reflexivo: el conocer personal tiene que apuntar hacia alguien que le revele

25. *Ibid.*, p. 232.
26. *Ibid.*, p. 267.
27. *Ibid.*, p. 244.

su sentido personal completo. Es decir, el conocer personal tiene como tema alguien que de razón entera de su sentido propio: así se llega a un tema que es inabarcable e inagotable por el intelecto personal, que apunta a Dios. **Al conocer a su Creador y conocerse paulatinamente desde ese conocimiento, la persona se ve como quién es y como quién está** *llamada a ser,* **pero también precisa aceptarse.** La persona humana en la presente situación conoce en cierto modo (no enteramente) como su Creador la conoce, pero en ella también entra en juego el amar donal personal, ya que "el encuentro de la verdad y el encuentro del amor se corresponden: enamorarse es inseparable de encontrar la verdad y encontrar la verdad es inseparable de enamorarse"[28]. Por consiguiente, al encontrarse con la verdad suprema, que es el Creador, el conocer personal se convierte con el último trascendental personal: el amar donal personal.

La persona de cada quién es *amar donal personal*: "en la persona humana el amar está en el orden del acto de ser"[29]. **La persona acepta ser ese don que está llamado a ser, y esa aceptación se traduce inmediatamente en dar. Por ello, la aceptación del ser se vuelve en un dar a Dios que, a su vez, busca la aceptación divina.** De esta forma, la *persona* coexiste libremente en el amar donal personal, por lo que el amar trascendental también se refiere a Dios. Si esto no ocurriera, se paralizaría la donación divina en la criatura, lo cual no tiene sentido.

Adicionalmente, el aceptar ser de la persona del hombre convertido en dar y el aceptar divino requieren de un tercer elemento: el don. No puede haber una relación de dar y aceptar sin don: "el dar y el aceptar comportan el don. Esto quiere decir, en definitiva,

---

28. *Ibid.*, p. 271.
29. *Ibid.*, p. 251.

que la estructura del dar es trina y no dual"[30]. Sin embargo, la persona humana es incapaz de generar dones personales, puesto que no es creadora: "como la persona humana es dual o co-existente, pero de ninguna manera trina, el hombre necesita de su esencia para completar la estructura donal. El hombre sólo puede dar dones a través de su esencia"[31]. Por tanto, la *persona* desciende a su *esencia* para poder generar los dones personales para ofrecer a Dios: "el amar –el dar– y el aceptar son trascendentales personales. En cambio, el amor –el don– en el hombre no es trascendental sino esencial"[32]. Es decir, **la *persona*, al ser incapaz de comunicar a su propio don de carácter personal, genera por medio de sus manifestaciones operativas –en su actuar– los dones para ofrecer a su Creador**. El hombre da dones a su Creador para coexistir amorosamente con Él, y Dios acepta los dones infundiéndoles un valor inconmensurable: "lo que el hombre otorga a Dios es insignificante. Pero la aceptación divina dota a la ofrenda humana de un valor superior al que de suyo tiene. Por eso, aceptar es el refrendo del don humano, sin el que no significaría apenas nada"[33].

Se puede sostener, por tanto, que los tres trascendentales personales se refieren a Dios: al Creador. En el acto de ser personal se coexiste libremente con Dios, se conoce a Dios y se ama a Dios. Esto quiere decir que la intimidad personal de cada quién siempre se refiere a Dios y, como se advirtió más arriba, que solo Dios puede conocer la *intimidad*. Por consiguiente, queda claro que el acto de ser personal coexiste libre, cognoscente y amorosamente con Dios. La *persona* conoce a Dios –y se conoce íntimamente a

---

30. *Ibid.*, p. 250.
31. *Ibid.*, p. 250.
32. *Ibid.*, p. 271.
33. *Ibid.*, p. 252.

sí misma en la medida en que Dios le revela quién es y quién está
llamado a ser– y en la medida en que se destina libremente a Él en
una coexistencia amorosa, o sea, en la medida en que acepta ser
quien está llamado a ser, ofreciendo dones de amor a Dios. Esto es
lo que se llama una coexistencia personal e íntima con el Creador.

Sin perjuicio de lo anterior, cabe aclarar que la coexistencia
con el Creador no se da de manera exclusiva a nivel trascendental,
ya que, como el amar personal no puede generar dones personales,
para generar el don, "la persona humana desciende a su esencia"[34].
Esto quiere decir que la esencia del hombre juega un rol fundamental en la coexistencia amorosa con el Creador. Esto vuelve
a hacer referencia a la sistematicidad y armonía que existe en el
hombre.

2. El estudio sistémico del ser humano[35]

Antes de proseguir con el estudio del ser humano como sujeto
de la educación, hay que advertir que el estudio de este –y, por
consiguiente, el estudio del quehacer educativo– debe llevarse a
cabo por medio del método sistémico, y no a través del método
analítico[36]. Cuando una realidad se consigue estudiar por partes,
sin afectar su totalidad, se puede utilizar el método analítico. Sin

---

34. *Ibid.*, p. 251.
35. Este apartado se encuentra publicado en León-Parodi, J., *Una filosofía de la educación centrada en la persona y con miras a la trascendencia*. Sin
embargo, para dar coherencia al texto, se añaden cambios mínimos.
36. El mismo Polo lo indica de este modo: "Lo que hace el método analítico es –digámoslo así– entender partes, no totalidades significativas, orgánicas,
organizadas, en funcionamiento coherente. A lo más que se puede llegar con
el método analítico es a conocer una serie de piezas, una serie de elementos,
distinguirlos, y luego tratar de componerlos". *La esencia del hombre*, p. 165.

embargo, cuando una realidad se encuentra interrelacionada, y al dividirla en distintas piezas se afecta esa realidad, se debe utilizar el método sistémico[37]. A este respecto señala Leonardo Polo que "una máquina, por ejemplo, puede considerarse por partes porque está hecha de partes, por acoplamiento de piezas. Un coche puede tener encendido el motor y la marcha en punto muerto; aunque acelere, el coche no anda"[38]. En esta clase de estudio funciona el método analítico. Pero, en el caso del estudio del ser humano no se puede proceder de esta forma, ya que no puede dividirse en piezas, porque en él todo es importante. En palabras de Polo: "la verdad del hombre no es un resultado, un mosaico de piezas: no es artificial. El hombre es unitario *a priori*"[39]. Por este motivo, advierte que el ser humano no debe ser estudiado por medio del método analítico, puesto que en él, "cada factor está presente en el otro, es decir, está ayudando al otro y separado del conjunto no sería"[40]. A esto añade que "considerar al hombre como una máquina es no entenderlo de ninguna manera. El hombre es una realidad compleja de variables interdependientes, de tal manera que todas están en funcionamiento"[41].

El ser humano es un conjunto armónico; lo propio de él es su integridad; por tanto, debe ser estudiado de manera sisté-

---

37. Cfr. Polo, L., *Quién es el hombre. Un espíritu en el tiempo*, en *Obras Completas*, Serie A, vol. X, Eunsa, Pamplona, 2016.
38. *Ibid.*, p. 45.
39. *Ibid.*, p. 46.
40. Polo, L., *La esencia del hombre*, p. 235. El párrafo continúa: "¿Qué indica esto? Que el orden de agregación funcional es muy débil, pero en lo arcaico el orden es mucho más íntimo. Se podría expresar con la palabra «sentido»: la mano no tendría sentido, se degradaría en su propio modo de ser si se separara del gesto, pero el gesto es posible solamente si la mano está conectada con el lenguaje, con un medio comunicativo". *Ibid.*
41. Polo, L., *Artículos y conferencias*, p. 389.

mica. Para José Ignacio Murillo este enfoque consiste en estudiar lo humano "encontrando la relación que existe entre sus diversas manifestaciones, viendo como cada uno de los factores influye en los demás, pero dejando esas referencias abiertas para incluir nuevos aspectos"[42]. Lo mismo ocurre con el estudio de la educación, la cual tiene en el centro de su actividad al ser humano. El ser humano es el sujeto de la educación –sólo se puede hablar de educación haciendo referencia al ser humano–; por consiguiente, el estudio del quehacer educativo también deberá realizarse por medio del método sistémico. La educación debe ser armónica –integral–, y para eso su estudio debe utilizar el método sistémico: el estudio de la educación –y principalmente su fundamentación– deberá procurar la armonía del ser humano.

En relación con lo dicho, indica Ignacio Falgueras que "el hombre es complejo tanto en su conjunto como en cada una de sus dimensiones, y no se alivia, sino que se aumenta la dificultad de su conocimiento cuando se desconsidera alguna de ellas, hasta el punto de llegar a hacerse ininteligible"[43]. Por este motivo hay que señalar que en el estudio del ser humano se debe respetar el orden del propio ser humano, desde su corporalidad hasta su espiritualidad. Esto es así porque, como advierte Leonardo Polo, el ser humano es sumamente complejo y "en él todos los factores son relevantes, de manera que no se puede pensar que si en el hombre modifico una parte se quedan las demás quietas, sino que al influir en una parte estoy afectando a todas. Al hombre no lo puedo considerar analíticamente. El único modo de aproximarse al ser del hombre es teniendo en cuenta que en el hombre todo es pertinente"[44].

42. MURILLO, J. I., *Invitación a la antropología*, pro manuscripto, p. 34.
43. FALGUERAS, I., *Hombre y destino*, Eunsa, Pamplona, 1998, p. 74.
44. POLO, L., *Artículos y conferencias*, p. 389.

El estudio sistémico del ser humano es particularmente relevante en lo que respecta a la Filosofía de la Educación, puesto que –como advierte Javier Pérez Guerrero– la alteración de cualquier factor en el proceso educativo afectará al resto de los factores y puede perturbar la integridad del educando[45]. El ser humano no se puede 'desarmar en diversas piezas', ya que en él existe una unidad. Por este motivo, se debe afirmar que la realidad humana no consiste en cajones o compartimentos aislados que funcionan de manera independiente, sino que es una unidad armónica que actúa de manera sistémica. El ser humano está formado por diversas dimensiones, pero al actuar esas dimensiones lo hacen al unísono, integradamente. Lo mismo sucede con cada ser humano al ser educado.

Por lo dicho, **es muy importante tener en cuenta el método sistémico para fundamentar la educación desde la filosofía, puesto que, en caso contrario, se puede caer en reduccionismos que consisten en tomar en cuenta solo una parte del ser humano de manera aislada o darle a alguna de sus dimensiones un valor desproporcionado.** El reduccionismo ha hecho mucho daño a la concepción del ser humano y, como consecuencia, al estudio de la filosofía de la educación. Por consiguiente, se debe advertir que una mirada analítica o parcelada en el quehacer educativo llevará a un quiebre en el educando.

---

45. Cfr. PÉREZ GUERRERO, J., *Educar mirando a los ojos. Filosofía de la educación personalizada*, Eunsa, Pamplona, 2022, p. 183.

3. La condición filial del ser humano

A. La filiación como constitutiva del ser humano

Todo ser humano posee un carácter radicalmente filial ya que es un ser que nace: todo hombre comienza a existir, por lo que no hay ningún hombre que no sea hijo[46]. La filiación es constitutiva en el ser humano, no todos somos padres, no todos somos esposos, no todos tenemos hermanos de sangre, pero si todos somos hijos. En palabras de Polo: "el hombre se define estrictamente como hijo. Lo más propio de él es que nace, es decir, que se caracteriza por empezar a existir"[47]. **Todo ser humano es hijo, no hay excepción alguna. Y, además, es evidente que la única criatura que tiene conciencia de su filiación es el ser humano.**

Sumado a lo anterior, conviene también que centremos la atención en que el ser humano –que es constitutivamente hijo– nace en unas condiciones bastante particulares que lo hacen 'necesitado' de la paternidad. **Todo ser humano nace sin ser viable, sin valerse por sí mismo para casi nada.** Si vemos cualquier niño al nacer podemos notar que el ser humano nace mucho antes de alcanzar las condiciones mínimas de subsistencia. Incluso, podíamos decir que el ser humano nace 'antes de tiempo': nace *prematuro*. Esta característica, que es notoria, hace al ser humano un ser necesitado de cuidado. Particularmente del cuidado de sus padres. Esto resalta la condición filial del ser humano, puesto que no es solo hijo por su originación, sino que una vez nacido mantiene esa condición al necesitar ayuda para prácticamente todo.

---

46. "Debido a su carácter radicalmente filial, no cabe que en la historia las personas humanas carezcan de padres". POLO, L., *Antropología trascendental*, p. 272.

47. POLO, L., *Ayudar a crecer. Cuestiones de filosofía de la educación*, en *Obras Completas*, Serie A, vol. XVIII, Eunsa, Pamplona, 2019, p. 142.

El ser humano es constituido radicalmente como hijo. Y el hecho de que el hombre sea originaria y permanentemente hijo conlleva el hecho de que los padres están siempre al servicio de sus hijos y no al revés: los padres son para los hijos y no los hijos para los padres.

Según lo señalado, Leonardo Polo considera que "o uno es hijo, y por tanto no se lo debe todo a sí mismo, y tiene que ser ayudado a crecer; o uno se lo debe todo a sí mismo, en cuyo caso no es hijo, sino que tiene una autonomía radical"[48]. Esto quiere decir que el ser humano tiene dos alternativas respecto de su existencia: la autosuficiencia o la filiación. La primera consiste en una independencia radical, donde el hombre se debe todo a sí mismo y, por tanto, no necesita ayuda de los demás para nada; tampoco para crecer. En este caso, afirma Leonardo Polo que, "si el hombre se lo debiera todo a sí mismo, la educación carecería de sentido"[49], ya que el crecimiento sería completamente independiente de los demás. No los necesitaríamos. La segunda alternativa radica en que el hombre es un ser totalmente dependiente –necesitado de ayuda–, y se reconoce como tal.

B. *El ser humano como hijo de Dios*

Si tomamos en cuenta el azar genético –comenta Leonardo Polo–, esto es, la gran improbabilidad de la existencia de cada uno de los seres humanos que han llegado a existir, "sólo caben dos posibilidades: sostener que *cada quién* existe por pura casualidad –y, desde el punto de vista empírico esto no se puede negar–, o que el azar genético no explica que exista cada quién, porque una persona no es un hecho: *cada quién* es porque Dios

48. *Ibid.*, p. 145.
49. *Ibid.*, p. 146.

lo ha querido, a costa de que una multitud extraordinaria de hombres posibles no hayan existido ni existirán jamás. *Cada quién* es una rara improbabilidad que sólo se puede explicar por la predilección divina. Por eso puede decirse que la persona es querida por sí misma al ser creada"[50]. Esto equivale a decir, en simples palabras, que todas las personas son creyentes: solo que algunas creen en un *Dios personal*, mientras que otras creen en un 'dios azar'. Lógicamente, la filosofía cristiana se inclina por la primera alternativa.

De esta opinión es Leonardo Polo, quien considera que "el alma humana es distinta de la del alma animal, esa distinción estriba en que el alma humana es directamente creada, lo cual quiere decir, entre otras cosas, que el alma sobrevive al cuerpo"[51]. Así, como apunta Polo, el ser humano es una criatura de Dios: "las células reproductoras proceden de los padres; en cambio, la persona del hijo es creada por Dios"[52].

Lo dicho es relevante, puesto que **ser persona creada da una relación de dependencia radical del hombre respecto a Dios: el ser creado es pura dependencia, porque no depende en nada de sí mismo.** Consecuentemente, advierte Polo que "una antropología que no tenga en cuenta que el hombre es criatura, es una antropología reduccionista… Si se intenta una antropología trascendental sin tener en cuenta que el hombre es criatura, no puede hablarse de antropología trascendental"[53]. De la misma opinión es Salvador Piá Tarazona, quien afirma que el acto de ser del hombre

---

50. POLO, L., *Antropología trascendental*, p. 489.
51. POLO, L., *La esencia del hombre*, p. 134. Esta misma idea es explicitada en la filosofía tomista: "El alma es creada directamente por Dios". TOMÁS DE AQUINO, *Summa contra gentes*, II, c. 87. "El alma humana no puede ser producida más que por creación". *Summa Theologica*, I, q. 90, a. 2.
52. POLO, L., *Antropología trascendental*, p. 284.
53. POLO, L., *Persona y libertad*, p. 40.

solo puede estudiarse en plenitud teniendo en cuenta la creación: "*ser* para la criatura equivale a *creación*"[54].

El hecho de que cada persona es directamente creada por Dios trae como consecuencia –según nota Polo– que "*cada quién* es un don debido al amor de predilección"[55]. En palabras de Salvador Piá Tarazona: "la razón última que explica al hombre reside en el amor que Dios le tiene"[56].

Por otro lado, conviene tener presente que la creación directa de la dimensión espiritual del hombre trae consigo el concepto de '*filiación*'. A este respecto advierte Juan Fernando Sellés que "cabría decir que una persona humana es verdaderamente hija de quien recibe el *acto de ser*. De ese modo se podría hablar de hijo por *creación*"[57]. De esta misma opinión es el filósofo francés Jacques Maritain, quien señala que el hijo no pertenece a sus padres, sino que pertenece a Dios, de modo que la familia tiene el encargo de engendrar al hijo para Dios[58]. **El hijo, en rigor, es de Dios –todo ser humano es criatura suya–: es un encargo que hace a los padres para que estos lo ayuden a crecer con el fin de que vuelva hacia Él.**

Así pues, la creación del ser humano trae aparejado el concepto de filiación: es hijo de Dios –es criatura suya– y debe aceptarse como tal. En esto consiste la libertad trascendental: en la aceptación del don de ser creados y en dar dones que buscan la aceptación del Creador.

54. Piá Tarazona, S., *El hombre como ser dual. Estudio de las dualidades radicales según la Antropología Trascendental de Leonardo Polo*, Eunsa, Pamplona, 2001, p. 77.

55. Polo, L., *Antropología trascendental*, p. 489.

56. Piá Tarazona, S., *El hombre como ser dual*, p. 363.

57. Sellés, J. F., *Antropología de la intimidad. Libertad, sentido único y amor personal*, Rialp, Madrid, 2013, p. 380.

58. Cfr. Maritain, J., *La educación en la encrucijada*, p. 208.

Por otra parte, Leonardo Polo observa que el hecho de que el hombre sea creado por Dios –que es la suma perfección– tiene como consecuencia que es un ser perfectible, por lo que el transcurso del tiempo no indica en él un problema, sino que denota esa capacidad de perfeccionamiento[59]. Por este motivo, se responderá al amor de predilección con obras. Dicho de otra manera: el hombre –creado por Dios por amor de predilección– establece con su Creador una relación que le exige como hijo "ponerse a la altura de su padre, en la medida que le sea posible"[60]. Es decir, esta relación lo invita a buscar la perfección, lo hace aspirar a lo más alto. Consecuentemente, como se verá a continuación, el hombre está hecho para crecer.

Teniendo en cuenta lo indicado, cabe añadir que, si el hombre es radicalmente hijo de Dios –quien por medio de un acto creador crea su acto de ser personal y su alma–, y sus padres biológicos solo le aportan su realidad material, los padres humanos son padres únicamente por derivación de la paternidad divina. Esto quiere decir que **la paternidad humana es una participación en la principal paternidad, la divina. Solo Dios es padre, y es Él quién les encarga a los padres biológicos la generación, crianza y educación de cada hijo.** Así, para Leonardo Polo "el hombre es hijo de un modo completo, en cambio no es padre más que por participación; es decir, es padre porque Dios le ha dotado de la capacidad de serlo"[61]. En este sentido hay que afirmar que la paternidad humana es parte de la vocación de cada ser humano constituido como tal –es un encargo que le hace directamente

---

59. "Como Dios es la suma perfección, conviene que lo que crea sea perfectible… el tiempo no indica primariamente acabamiento, sino capacidad de perfeccionamiento". Polo, L., *Epistemología, creación y divinidad*, p. 93.

60. Polo, L., *Escritos menores (1991-2000)*, en *Obras Completas*, Serie A, vol. XVI, Eunsa, Pamplona, 2018, p. 163.

61. *Ibid.*, p. 142.

Dios–, y consiste no solo en la procreación sino también en el cuidado y la educación del hijo.

En coherencia con lo indicado, si solo Dios es padre y los padres humanos están vinculados a esa paternidad, entonces, Dios es el primer y principal educador de cada hombre –como advierte Agustín de Hipona[62]–, mientras que los padres humanos solo apoyan esta educación. Esto es de toda lógica, teniendo en cuenta que Dios es el único que conoce la *intimidad personal* de *cada quién*; consecuentemente, es quien mejor puede orientar a cada *persona* hacia su verdad más íntima: su vocación personal. Además, Dios es un educador que jamás deja de ayudar a crecer a su criatura, porque la orienta siempre, desde su intimidad personal, ayudándolo a ser la *persona* que está llamada a *ser*. Es por todo esto, que se debe concluir con González Álvarez que **"Dios es educador por antonomasia"**[63], **mientras que los padres humanos son educadores por delegación o participación de la paternidad divina. Los padres humanos cooperan con Dios en la procreación y en la educación de sus hijos. Y, consecuentemente, los padres humanos solo educan en la medida en que saben que su hijo es propia y principalmente hijo de Dios.**

4. El crecimiento humano

El hombre está hecho para crecer: es un ser que se perfecciona. Para ahondar en el crecimiento humano es ilustrativo un ejemplo que pone Leonardo Polo sobre "un dicho inglés, se-

---

62. Cfr. AGUSTÍN DE HIPONA, *De magistro*, N. 46.
63. GONZÁLEZ ÁLVAREZ, Á., *Filosofía de la educación*, p. 152. Las negritas de esta cita, así como otras que puedan haber a continuación, no se encuentran en el texto original, sino que son agregadas para dar fuerza a la idea expresada en ella.

gún el cual, el optimista sostiene que estamos en el mejor de los mundos posibles; el pesimista es el que cree que eso es verdad"[64]. Esta ironía viene a manifestar que el mundo es mejorable, que se encuentra abierto hacia el futuro, y que está lleno de desafíos. El optimista sería aquel que no se satisface con lo que le ha sido dado y vive de una esperanza que se corresponde con un modo de vivir de cara al propio crecimiento. Esto quiere decir que **un ser humano jamás está acabado por completo, ya que vivir significa crecer, y crecer significa perfeccionarse: el crecimiento es la clave de la vida**.

Este crecimiento, por tratarse del hombre, se da en todas sus dimensiones. El primer crecimiento es el biológico y corporal. Todos los seres vivos, al poseer vida vegetativa, tienen un crecimiento orgánico, que consiste –según Aristóteles[65]– en la función nutritiva, en la operación de crecer y la capacidad de reproducirse. Estas tres funciones están ordenadas jerárquicamente desde la nutrición a la reproducción en la filosofía aristotélica[66]. Para Leonardo Polo, el orden aristotélico es correcto en el caso de los animales, ya que el crecimiento en ellos es finito, porque es exclusivamente corpóreo[67]. Sin embargo, Polo considera que en el caso del ser humano el crecimiento es superior a la reproducción, puesto que en este

---

64. Polo, L., *Epistemología, creación y divinidad*, p. 112.

65. Cfr. Aristóteles, *Acerca del alma*, II, 4, 415a-415b.

66. Del mismo parecer que Aristóteles es Tomás de Aquino: "De entre estas tres potencias, la que tiene un fin más alto, noble y perfecto es la generativa, como se dice en II *De Anima*; pues, propio de algo perfecto es *hacer algo igual a sí mismo*. Por su parte, las potencias de desarrollo y nutrición sirven a la generativa. Y la nutritiva a la de desarrollo". *Summa Theologica*, I, q. 78, a. 2.

67. "La importancia de la generación se debe a la finitud del crecimiento del viviente orgánico… el crecimiento es *praxis* más perfecta que la generación; un viviente corpóreo es mortal en cuanto que su crecimiento es finito (el crecimiento orgánico es finito)". Polo, L., *Curso de teoría del conocimiento IV*, en *Obras Completas*, Serie A, vol. VII, Eunsa, Pamplona, 2019, p. 317.

"el crecimiento apunta más allá de la especie"[68]. A esto suma que "el crecimiento añade algo a la reproducción, a saber, permanecer integrada en el propio viviente; es una multiplicación en el seno de una unidad. Por esta razón el crecimiento conserva y eleva el significado de la reproducción"[69]. De esta manera, afirma Polo que son más perfectas aquellas naturalezas cuyo crecimiento no se limita simplemente a la reproducción, sino que tienen su propio fin y culminación, no limitándose al servicio de la especie. En otras palabras, se puede considerar que en los animales y en las plantas la reproducción se encuentra sobre el crecimiento porque ellos no tienen la capacidad de crecer irrestrictamente. Los animales crecen hasta un punto y luego decrecen. Por lo mismo, los animales y los vegetales se subordinan a la especie, y la reproducción se ordena a ella más que el crecimiento, porque sin reproducción la especie no puede subsistir. Pero en el caso del ser humano el crecimiento es irrestricto, siempre se puede crecer más; y, en consecuencia, el ser humano no se subordina a su especie.

A. *El crecimiento corporal*

El ser humano crece corporalmente de manera limitada, mientras que el crecimiento de la dimensión espiritual –que se estudiará a continuación– es de carácter irrestricto, no tiene límite.

Si bien puede parecer una obviedad, lo primero que hay que considerar es que el cuerpo crece por la actividad del alma, ya que gracias a ella el cuerpo está vivo. Un cuerpo sin alma no crece, ya que es un cadáver. Además, las facultades sensibles humanas están

---

68. *Ibid.*, p. 238.
69. Polo, L., *Filosofía y economía*, en *Obras Completas*, Serie A, vol. XXV, Eunsa, Pamplona, 2015, p. 150.

subordinadas al crecimiento de la inteligencia y de la voluntad, por lo que dichas facultades –los sentidos y los apetitos– no existen en el ser humano de manera independiente, sino que en función de sus potencias inmateriales del alma, esto es, en función de la inteligencia y de la voluntad.

Para abordar el crecimiento de la dimensión corporal del hombre se distinguirán dos clases de crecimiento: lo que se llamará el 'crecimiento meramente corporal' y el 'crecimiento de los sentidos internos'. El primero de ellos corresponde al crecimiento del cuerpo del hombre, que consiste básicamente en la alimentación o nutrición y en la coordinación de sus miembros. Para este crecimiento, la función de los educadores consiste en aportar una alimentación balanceada al niño y ayudar en la coordinación, es decir, el movimiento de sus extremidades y su desarrollo físico motor. Ambas ayudas se realizan en simultáneo y desde que el niño nace. Posteriormente, cabe destacar que el ser humano también crece en el perfeccionamiento de sus sentidos internos, que consiste en el desarrollo cerebral por medio las conexiones neuronales. Corresponde recordar que el desarrollo neuronal, si bien tiene que ver con el conocimiento y es superior al crecimiento meramente corporal, sigue siendo un crecimiento de la dimensión orgánica del hombre.

Ambos crecimientos de la dimensión corporal –tanto el mero crecimiento corporal como el desarrollo de los sentidos internos– son limitados, es decir, tienen un máximo al que pueden llegar. Esto se debe a que tienen soporte orgánico, y lo orgánico crece según la capacidad del órgano correspondiente. Por ejemplo, si se observa el crecimiento corporal de un atleta de alto rendimiento que ha entrenado para 'Lanzamiento de peso', se ve que no desarrolla lo necesario para competir en 'Salto de altura', ya que mejora ciertas capacidades físicas específicas que no lo hacen competitivo para otra disciplina. No es lo mismo entrenar para saltos que para lanzamientos, y si se quiere competir en ambas disciplinas hay que cambiar a una tercera que es la de las 'Pruebas combinadas', que requiere un entrenamiento distinto. Además, si se ahonda en esta limitación del crecimiento meramente corporal, se observará que desde cierto momento se comienza a decrecer. Esto también es manifiesto en los deportistas de alto rendimiento, que después de cierta edad dejan de ser competitivos y se retiran del deporte que practican. Lo mismo ocurre con los no deportistas: todo hombre al envejecer comienza a deteriorarse en su dimensión corporal, de eso nadie se libra.

Respecto del crecimiento de los sentidos internos, Leonardo Polo sostiene que el hombre tiene la capacidad de crecer corporalmente más allá de su constitución genética, ya que se puede crecer en el sistema nervioso, en las conexiones neuronales. Este tipo de crecimiento no culmina con la embriogénesis y va más allá, pero sigue siendo un crecimiento finito, que al tener que ver con el conocimiento sensible (sentidos internos), no es simplemente un crecimiento orgánico, pero sigue teniendo límites[70]. Esta fase de crecimiento se "caracteriza por el perfeccionamiento del *cerebro*, y en ella aparece, finalmente, el hombre, que, ante todo, puede caracterizarse como animal inventor, es decir, que usa su cerebro para actividades que no tienen como fin la mera alimentación, sino la construcción de artefactos. En este sentido se suele hablar de imaginación creadora. El crecimiento cerebral en el hombre lleva consigo normalmente un fuerte desarrollo de los llamados sentidos internos: *imaginación, memoria y estimativa*"[71].

---

70. Cfr. POLO, L., *La esencia del hombre*, p. 308.
71. POLO, L., *Epistemología, creación y divinidad*, p. 107.

B. El crecimiento espiritual

Además del crecimiento corporal, el hombre todavía es capaz de un crecimiento superior. Esta clase de crecimiento –que es de carácter irrestricto– es el crecimiento espiritual que se desarrolla a lo largo de toda la vida[72]. Por este motivo se debe considerar que el crecimiento humano no se reduce solo a su crecimiento corporal, sino que también incluye su dimensión espiritual.

Dentro de este crecimiento espiritual hay que distinguir el crecimiento de la esencia del hombre del crecimiento del acto de ser personal. El primero, llamado por Leonardo Polo 'esencialización' es el paso que se da desde la naturaleza –qué somos– hacia la esencia –cómo somos–. El ser humano perfecciona su naturaleza espiritual –su alma, con sus potencias de inteligencia y voluntad– con la adquisición de hábitos intelectuales y virtudes morales. A este respecto, afirma Leonardo Polo que "en la esencia humana los hábitos son la *autoperfección* de la naturaleza. No son una causa distinta de la naturaleza que ordena, sino una perfección que la naturaleza se da a sí misma, naturalmente por la persona, que es el *acto de ser* humano, que es la que tiene que establecer la diferencia con la esencia y, por lo tanto, los hábitos dependen de la persona. Los hábitos serían imposibles si no fuera por ella"[73]. *Esencia*, por lo tanto, expresa perfección. Por lo que se puede decir con Polo que "la esencia del hombre no es un dato, sino un cometido de la libertad que dura toda la vida, a saber: la conquista creciente de la dependencia de lo humano respecto del ser personal"[74], es decir, que "el sentido de

---

72. "El hombre es un ser capaz de crecimiento irrestricto, un ser que nunca acaba de crecer". Polo, L., *Quién es el hombre*, p. 97.

73. Polo, L., *La esencia del hombre*, p. 159.

74. Polo, L., *Ética*, p. 200.

la vida humana está justamente en manifestar cada vez mejor a la persona; porque a través de su esencia el ser humano se puede manifestar"[75].

Finalmente, también dentro del crecimiento espiritual, para Leonardo Polo, está el crecimiento del acto de ser personal: el crecimiento de la *persona*, "que la eleva definitivamente por encima de cualquier interpretación individualista y la libera del egoísmo. Este crecimiento es, como todos, relativo a una unidad. Pero ahora se trata de la Unidad suprema, es decir, de Dios"[76]. **El crecimiento de la persona consiste en aumentar cada vez más la capacidad de aceptar de cara al Creador y, consecuentemente, de darse, es decir, la donación sin medida.** Esta capacidad de crecer en la donación es exclusiva de la intimidad, puesto que solo el ser con intimidad tiene la capacidad de dar –de darse– sin perder[77]. Por este motivo afirma Leonardo Polo que hablar de intimidad es hablar de donación personal: "la persona es el ser capaz de crecer sin límites, puesto que da sin perder; aporta, es una intimidad no cerrada"[78]. Esto está profundamente unido a la tarea encomendada a cada quién, a la tarea –vocación– que cada persona es derivadamente de su Creador, que le lleva a unirse con él[79]. Por este motivo Alfredo Rodríguez Sedano, en su investigación sobre el pensamiento de Leonardo Polo, expresa que "el destino de la vida es no dejar de crecer como persona en busca de aquel *quien* al que

---

75. POLO, L., *La esencia del hombre*, p. 316.
76. POLO, L., *La persona humana y su crecimiento*, p. 62.
77. "La persona es el crecimiento irrestricto. ¿Qué significa crecer irrestrictamente? Ser capaz de darse... La donación sin medida. ¿Eso de qué es característico? Pues es característico de la intimidad; solamente el ser con intimidad puede darse sin perder". POLO, L., *Escritos menores (2001-2014)*, en *Obras Completas*, Serie A, vol. XXVI, Eunsa, Pamplona, 2018, p. 333.
78. POLO, L., *Escritos menores (2001-2014)*, p. 335.
79. Cfr. POLO, L., *Antropología trascendental*.

cada uno está llamado a ser"[80]. Sobre esto se profundizará más adelante.

5. El concepto de educación

Etimológicamente hablando, la palabra educación viene de los términos latinos *educare* –que en su pasivo significa crecer– y *educere* –cuyo significado es hacer salir, poner fuera–. Y, a su vez, *educere* proviene del verbo *ducere*, que expresa conducir, guiar, llevar[81]. Por lo tanto, si se tiene en cuenta la raíz etimológica de la palabra 'educación', la descripción 'ayudar a crecer' sería adecuada para expresar lo que significa. Esta descripción es la que nos entrega el educador Tomás Alvira: "fue una mañana del mes de abril, en la que la niebla se abría ante la insistencia de un sol cálido, cuando entré en un colegio femenino de Vigo… cuando mi vista tropezó con un pequeño cartel colocado entre las flores de uno de los macizos en el cual se leía esta corta frase: AYÚDAME A CRECER… Más tarde reflexioné, en el silencio de mi casa, sobre la frase leída y me di cuenta de que aquellas profesoras habían aplicado a las plantas lo que algunos de los más grandes filósofos habían dicho, hace ya muchos años, acerca de la educación, concibiéndola esencialmente como *ayuda* al

---

80. Rodríguez Sedano, A., *Libertad y actividad. Estudio sobre la antropología trascendental de Leonardo Polo*, Eunsa, Pamplona, 2018, p. 45.
81. Educación viene del latín *educatio*, que significa criar, educar, instruir, enseñar. Educación viene del latín *educare*, que significa sacar adelante, nutrir, alimentar, cuidar, criar; y en pasivo crecer. Educación viene del latín *educere*, que significa hacer salir, poner fuera. Cfr. Segura, S., *Nuevo diccionario etimológico Latín-Español y de las voces derivadas*, 5ª edición, Universidad de Deusto, Bilbao, 2010, p. 243. Además, el término latino *educere*, viene del verbo *ducere*, que significa conducir, guiar, llevar. *Ibid.*, p. 237.

educando y, de modo imaginario, trasladé la frase al ambiente de los hogares, vi el cartel del jardín colocado entre los hijos de cada familia, pidiendo a sus padres, pidiendo también a sus profesores, lo mismo que las plantas del jardín: *ayuda para crecer*"[82]. Precisamente, Leonardo Polo –siguiendo a dicho educador– sostiene que **"educar es ayudar a crecer... el hombre es un ser vivo a quien hay que ayudarle a crecer, porque en otro caso su crecimiento es mucho menor del que es susceptible si se le ofrece esa ayuda"**[83].

Que el ser humano sea educable quiere decir que –como expresa el profesor González Álvarez– "antes de advenirle la educación, el hombre es sujeto *para* ella"[84]. Por tanto, se podría decir que **la educabilidad es un rasgo característico del ser humano, y se debe a que el hombre está constituido con la capacidad de perfeccionarse.** Esta característica constitutiva del ser humano es fundamental para el quehacer educativo, y es la razón de su existir, ya que, como observa el filósofo de la educación, Víctor García Hoz, "no podría haber educación si el hombre fuera un ser perfecto, completo, por así decirlo, maduro y redondo como un fruto que haya llegado a la sazón"[85]. Es a lo que el mismo García Hoz denomina 'la causa material de la educación': "la causa material de la educación es la perfectibilidad humana, la capacidad que el hombre tiene para adquirir perfección"[86]. El ser humano es un ser que está hecho para crecer, para perfeccionarse –es educable–, y sin educación –sin una ayuda– no puede llegar a lo que le es

---

82. ALVIRA, T., *¿Cómo ayudar a nuestros hijos?*, Ediciones Palabra, Madrid, 1983, pp. 7-10.

83. POLO, L., *Ayudar a crecer*, p. 141.

84. GONZÁLEZ ÁLVAREZ, Á., *Filosofía de la educación*, p. 71.

85. GARCÍA HOZ, V., *Cuestiones de filosofía individual y social de la educación*, 2ª edición, Rialp, Madrid, 1962, p. 17.

86. *Ibid.*, p. 18.

propio, no puede alcanzar su plenitud. Para lograrlo requiere de la ayuda del educador.

Por consiguiente, la educación es 'una ayuda'. El hombre es constitutivamente creciente y necesita de una ayuda para lograrlo; y si bien el crecimiento depende de cada uno, se requiere de una asistencia, de una ayuda, para alcanzarlo. Así lo expresa Leonardo Polo: "el crecimiento es de incumbencia de cada uno, de modo que en este punto nadie puede sustituir a otro, lo que sí es posible y, a la vez, requerido, es ayudar a crecer. Ayudar a crecer no es sólo arreglo o progreso, sino una asistencia, una aportación"[87]. Por este motivo se debe considerar junto con Francisco Altarejos que "la acción educativa es esencialmente una *ayuda*"[88]. Al estudiar la filiación radical del hombre –su precariedad– y su dependencia total, queda de manifiesto que sin ayuda no se puede crecer.

Sin perjuicio de la necesidad de recibir una ayuda para crecer, **el crecimiento de cada hombre dependerá de su propio actuar**. Por consiguiente, la ayuda en la educación no significa –según aprecia Tomás Alvira– "que aquel a quien ayudamos deje de obrar por cuenta propia, deje de responsabilizarse de sus actos"[89], sino que busca poner en marcha la iniciativa de cada educando. En este mismo sentido Jacques Maritain afirmaba que "el «agente principal» en el proceso educativo es el principio vital que existe en el estudiante, mientras que la causalidad ejercida por el educador es, como la del médico, solo una actividad de cooperación y ayuda"[90].

Respecto de lo indicado, incluso se puede decir que si bien la educación requiere tanto de la ayuda del maestro como de la ac-

---

87. POLO, L., *La persona humana y su crecimiento*, p. 58.
88. ALTAREJOS, F., *Educación y felicidad*, 2ª edición, Eunsa, Pamplona, 1986, p. 19.
89. ALVIRA, T., *¿Cómo ayudar a nuestros hijos?*, p. 13.
90. MARITAIN, J., *La educación en la encrucijada*, p. 163.

tividad del discípulo, parece ser que la actividad del educando es imprescindible, no así la ayuda del educador, puesto que –como observa Altarejos– el educador puede prestar una ayuda sin que el educando crezca y, por el contrario, aunque es difícil, el educando puede crecer sin recibir ayuda alguna[91]. Por esta razón José María Barrio considera que lo principal "en educación no es lo que el educador hace con el educando –los estímulos a los que le expone, las tareas que le propone, etc.– sino lo que éste hace consigo mismo, pues la educación es principalmente *autoeducación*"[92].

91. "Educación es el resultado de la actividad conjunta de enseñar y aprender. Resultado que, si bien requiere la presencia de ambas actividades, parece fundamentarse prioritariamente en la segunda: si se aprende sin enseñanza de otro, ha habido educación; pero si se enseña sin que el otro aprenda, propiamente, no se dice que haya habido educación". ALTAREJOS, F., *Educación y felicidad*, p. 94.

92. BARRIO, J. M., *Elementos de Antropología Pedagógica*, 2ª edición, Rialp, Madrid, 2000, p. 32.

Capítulo II
El fin de la educación

El 'para qué' es un interrogante con el que solemos encontrarnos en nuestro día a día. Mientras leemos este texto, sería completamente normal que alguien nos preguntase: ¿para qué estás leyéndolo? Lo mismo ocurre cuando salimos a la calle a esperar el autobús o cuando vamos al supermercado. Esta pregunta se da de modo natural porque todo lo que hacemos lo hacemos 'para lograr algo', que es lo mismo que decir que toda acción humana tiene un fin por el que es realizada. **No hay ninguna actividad humana que se haga 'porque sí'. En rigor, todo lo que hacemos tiene un fin que queremos lograr, aunque sea un fin poco relevante.** Lo mismo ocurre con la educación. El 'para qué' del quehacer educativo es el interrogante que nos lleva a detenernos a pensar en el fin de la educación. Esta tiene un fin, algo que pretendemos lograr con ella. Una vez respondida la pregunta sobre el sujeto de la educación es necesario detenernos en el fin de esta.

Pero antes de adentrarnos en la finalidad del quehacer educativo, tenemos que determinar el lugar en que se encuentra esta finalidad respecto del fin último del hombre. Es decir, previo a estudiar el fin que se busca a través de la labor educativa, debemos conocer cuál es el fin último que el ser humano busca en su vida de un modo necesario e indefectible. Ya en el siglo IV a. C. Aristóteles –también llamado el Estagirita– se preguntaba sobre si, de todos los fines que tenía el ser humano, había alguno que fuera buscado por sí mismo, esto es, si el ser humano buscaba alcanzar un fin final, algo que no se busca como medio para lograr otra cosa. Pensando en estas cuestiones, indicaba que, de todos los fines buscados por el hombre, tenía que existir uno que se persiguiese por su propio valor, es decir, un fin último buscado por sí mismo y no para conseguir otro fin[1]. Como veremos a continuación, Aristóteles concluye que el fin último del ser humano es la felicidad[2].

Bajo la premisa de que el ser humano tiene como fin último alcanzar la felicidad, nos vemos en la necesidad de preguntarnos qué relación tendrá el fin de la educación respecto a este fin del hombre. ¿Será el fin de la educación un medio para lograr ese fin o será que el fin de la educación tiene el mismo contenido que tal fin, esto es, la felicidad? Este interrogante ha dado –y sigue dando– mucho para reflexionar. Por un lado hay quienes consideran que el fin de la educación debe ser el mismo que el fin del hombre, y que lo que debemos lograr con nuestros educandos es que alcancen la felicidad[3]. Por otro lado, hay quienes afirman que **el fin propio de la educación es lograr en el educando algo que le sirva como medio para que alcance la felicidad**[4]. Nosotros nos

---

1. Cfr. Aristóteles, *Ética a Nicómaco*, I, 7, 1095a-1097a.
2. Cfr. *Ibid.*, I, 7, 1097b. Esta misma idea aparece en la filosofía tomista: "La felicidad es el más grande de todos los bienes humanos. Porque todos los demás se ordenan a ella como al fin". Tomás de Aquino, *Comentario a la Ética a Nicómaco de Aristóteles*, lib. I, lect. 14, n. 106.
3. Cfr. Altarejos, F., *Educación y felicidad*.
4. Cfr. Millán Puelles, A., *La formación de la personalidad humana*, Rialp, Madrid, 1963; Martínez García, E., *Ser y Educar. Fundamentos de pedagogía tomista*, 2ª edición, CORIESU, Toledo, 2022.

inclinamos por esta última postura por dos razones. La primera es más bien práctica, y es que no podemos cargar al educador con la inmensa –e imposible– tarea de lograr que sus educandos alcancen la felicidad. Bajo este supuesto pocos querrán ser educadores. El segundo motivo, que tiene una fundamentación antropológica, es que la felicidad de cada ser humano se logra en su intimidad personal, de cara al Creador, y el educador no puede jamás hacerse cargo de la intimidad de sus educandos, no puede entrar en ella.

A continuación nos detendremos en el segundo interrogante del quehacer educativo, esto es, para qué se educa, estudiando el fin de la educación. Para lograr la correcta respuesta, haremos el siguiente recorrido. Primero, estudiaremos el fin último del hombre para responder esta cuestión en el apartado 'El fin del hombre: la búsqueda de la felicidad'. Luego, nos adentraremos en el fin de la educación, en la sección 'La madurez como fin de la educación'. Y, finalmente, terminaremos considerando las distintas fases de la orientación, para lograr el fin del quehacer educativo, en los epígrafes 'La educación de las emociones y de los sentidos internos', 'La educación del carácter' y 'Orientación hacia el encuentro íntimo con Dios'.

1. El fin del hombre: la búsqueda de la felicidad

Teniendo en cuenta lo señalado, corresponde preguntarnos si existe un 'para qué' que no tenga otro aparejado, es decir, tenemos que preguntarnos: ¿existe un fin final que busquemos por sí mismo y no para conseguir otra cosa? Esta pregunta ha sido planteada por múltiples filósofos a lo largo de la historia, y obtener una respuesta consiste en dilucidar cuál es el fin del ser humano.

Aristóteles considera que "toda acción y libre elección parecen tender a algún bien; por esto se ha manifestado, con razón, que el bien es aquello hacia lo que todas las cosas tienden"[5]. A esto añadía que, de todos los fines buscados por el actuar humano, debe existir uno que se busque por sí mismo, es decir, un fin final[6]. Dicho fin es, para él, la felicidad: "es evidente que debemos considerar la felicidad como la mejor de las cosas realizables por un ser humano"[7]. De esta misma opinión es Tomás de Aquino, quien –comentando a Aristóteles– advierte que "la felicidad es el más grande de todos los bienes humanos. Porque todos los demás se ordenan a ella como al fin"[8].

Si bien todos estamos de acuerdo en que deseamos ser felices, no nos hemos puesto de acuerdo en dónde se encuentra la felicidad. No hay consenso en cuál es su contenido. A este respecto señala el Estagirita que "sobre su nombre, casi todo el mundo está de acuerdo, pues tanto el vulgo como los cultos dicen que es la felicidad, y piensan que vivir bien y obrar bien es lo mismo que ser feliz. Pero sobre lo que es la felicidad discuten y no lo explican del mismo modo el vulgo y los sabios. Pues unos creen que es alguna de las cosas tangibles y manifiestas como el placer, o la riqueza, o los honores: otros, otra cosa; muchas veces, incluso, una misma persona opina cosas distintas: si está enferma, piensa que la felicidad es la salud; si es pobre, la riqueza; los que tienen

---

5. Aristóteles, *Ética a Nicómaco*, I, 1, 1094a.

6. Cfr. *Ibid.*, I, 1095a-1097a.

7. Aristóteles, *Ética a Eudemo*, I, 7, 1217a. "Consideramos suficiente lo que por sí solo hace deseable la vida y no necesita nada, y creemos que tal es la felicidad. Es lo más deseable de todo, sin necesidad de añadirle nada; pero es evidente que resulta más deseable, si se le añade el más pequeño de los bienes, pues la adición origina una superabundancia de bienes, y, entre los bienes, el mayor es siempre más deseable. Es manifiesto, pues, que la felicidad es algo perfecto y suficiente, ya que es el fin de los actos". *Ética a Nicómaco*, I, 7, 1097b.

8. Tomás de Aquino, *Comentario a la Ética a Nicómaco de Aristóteles*, lib. I, lect. 14, n. 106.

conciencia de su ignorancia admiran a los que dicen algo grande
y que está por encima de ellos"[9]. Por este motivo Ricardo Yepes
considera que "en el fondo, lo que todo el mundo aspira a alcanzar –como ya descubrieron los griegos de modo profundo– es una
vida buena, una vida feliz. El problema no es si queremos eso, sino
qué contenido tiene. Esa es la gran cuestión"[10]. A continuación, estudiaremos cuatro planteamientos que pretenden dilucidar dónde
debe buscar la felicidad el ser humano.

A. La felicidad aparente en el placer

Frente a la pregunta 'en qué consiste la felicidad', señala Robert Spaemann que "la respuesta más antigua a esta pregunta, y
aún hoy muy extendida, dice así; lo que nosotros queremos de verdad en el fondo, y aquello por lo que queremos todo lo demás, es
lograr el placer y evitar el dolor, o dicho de otro modo más simple:
sentirnos a gusto. Lo que contribuya al logro de ese objetivo será
bueno, y malo lo que lo dificulte. Esta concepción se denomina
«hedonismo», de la voz griega «hedoné», placer. El hedonismo fue
la primera explicación de la razón de nuestra actividad y, a la vez,
el primer principio de una moral sistemática"[11]. En la actualidad
**el hedonismo se confunde o entremezcla con el emotivismo,
donde no solo se busca la felicidad en el placer, sino también
en las emociones. Si bien este planteamiento es equivocado,
no es fácil percibir su error, y por eso muchas personas actualmente se adhieren a él.**

9. ARISTÓTELES, *Ética a Nicómaco*, I, 4, 1095a.
10. YEPES, R., *La persona y su intimidad*, Cuadernos de Anuario Filosófico, N° 48, Servicio de Publicaciones de la Universidad de Navarra, Pamplona,
1997, p. 42.
11. SPAEMANN, R., *Ética: Cuestiones fundamentales*, 9ª edición, Eunsa,
Pamplona, 2010, p. 38.

Frente a la respuesta hedonista, conviene considerar que el placer no es exclusivo del bien, puesto que puede venir aparejado con actos buenos o malos, y los actos malos no llevan al ser humano a su perfección, sino todo lo contrario. Incluso el hedonista puede utilizar a los demás en función de sentir más placer, utilizando a las personas que le rodean como un medio para su propio beneficio y no como un fin en sí mismo. No se puede admitir que algo que puede degradar al ser humano sea el contenido de su felicidad.

Robert Spaemann añade un claro ejemplo para descartar el placer como fin último: "imaginemos un hombre que está fuertemente atado sobre una mesa en una sala de operaciones. Está bajo el efecto de los narcóticos. Se le han introducido unos hilos en la cubierta craneal, que llevan unas cargas exactamente dosificadas a determinados centros nerviosos, de modo que este hombre se encuentra continuamente en un estado de euforia; su rostro refleja gran bienestar. El médico que dirige el experimento nos explica que este hombre seguirá en ese estado, al menos, diez años más. Si ya no fuera posible alargar más su situación se le dejaría morir inmediatamente, sin dolor, desconectando la máquina. El médico nos ofrece ponernos de inmediato en esa misma situación. Que cada cual se pregunte ahora si estaría alegremente dispuesto a trasladarse a ese tipo de felicidad"[12]. ¿De qué serviría tener placer si no somos capaces de darnos cuenta de que lo sentimos? ¿Puede el placer ser el fin final del hombre si no es exclusivo de él? Queda claro que **el placer no puede ser el fin último del hombre**.

Junto con descartar el placer como el fin último del hombre, conviene dejar claro que el placer no es algo malo. En este sentido, debemos considerar que es distinto hacer las cosas 'por' placer que hacerlas 'con' placer. Comerse un buen trozo de carne asada –su-

---

12. SPAEMANN, R., *Ética: Cuestiones fundamentales*, p. 43.

poniendo que nos gusta comer carne– trae aparejado un placer. Sin embargo, lo comemos para alimentarnos, no por el placer que nos da comerlo. No hemos de evitar el placer, pues el placer es algo bueno, pero tampoco debemos buscar el placer como fin último, ya que la felicidad no se encuentra en el placer.

B. *La felicidad desde la filosofía aristotélica*

Aristóteles, al profundizar sobre el contenido de la felicidad, consideró que esta **no consiste en alcanzar algo concreto, sino en lograr un cierto tipo de vida.** Para conquistar esta clase de vida, el Estagirita establece cuatro requisitos que tienen que darse de manera copulativa, esto es, los cuatro a la vez.

1º. Debe ser exclusivo del hombre, es decir, algo que no comparta con las demás criaturas. Por esto señala que "la felicidad es una actividad del alma"[13]. Es decir, es en la dimensión espiritual donde el ser humano encontrará la felicidad y no en aquello que comparte con las demás criaturas: su corporalidad. Por consiguiente, Aristóteles consideró que el placer, que lo compartimos con otras criaturas, no puede ser el contenido de la felicidad.

2º. Debe ser algo que sea buscado por sí mismo, y no para alcanzar otra cosa. Así lo establece el Estagirita al considerar que "puesto que parece que los fines son varios y algunos de éstos los elegimos por otros… Ahora bien, al que se busca por sí mismo le llamamos más perfecto que al que se busca por otra cosa, y al que nunca se elige por causa de otra cosa, lo consideramos más perfecto que a los que se eligen, ya por sí mismos, ya por otra cosa. Sencillamente, llamamos perfecto lo que siempre se elige por sí mismo y nunca por otra cosa. Tal parece ser, sobre todo, la felicidad, pues

---

13. Aristóteles, *Ética a Nicómaco*, I, 13, 1102a.

la elegimos por ella misma y nunca por otra cosa"[14]. Si la felicidad
–su contenido– es el fin final del ser humano, no debe ser buscado
como medio para alcanzar otra cosa. Por este motivo Aristóteles
descarta el dinero o las riquezas como contenido de la felicidad,
puesto que el dinero por naturaleza sirve para obtener otras cosas.

*3º. Debe ser algo estable, esto es, que no corra el riesgo de perder-
se.* Aristóteles, hablando de la felicidad, la establece en la virtud,
afirmando lo siguiente: "resulta que el bien del hombre es una
actividad del alma de acuerdo con la virtud, y si las virtudes son
varias, de acuerdo con la mejor y más perfecta, y además en una
vida entera. Porque una golondrina no hace verano, ni un solo
día, y así tampoco ni un solo día ni un instante (bastan) para
hacer venturoso y feliz"[15]. No puede ser algo que se pueda perder
y que no dependa del que la posee. Por eso descarta la buena fama
como contenido de la felicidad, puesto que no depende del que la
posee, sino de quienes la entregan y, por tanto, puede perderse en
cualquier momento.

*4º. Debe ser algo autosuficiente, lo que quiere decir que teniendo
lo indispensable para vivir (alimento, vestido y techo) no requerimos
de nada más.* Considera el Estagirita que "es evidente que la felicidad se ha de colocar entre las cosas por sí mismas deseables y no
por causa de otra cosa, porque la felicidad no necesita de nada,
sino que se basta a sí misma, y las actividades que se escogen por
sí mismas son aquellas de las cuales no se busca nada fuera de la
misma actividad. Tales parecen ser las acciones de acuerdo con la
virtud. Pues el hacer lo que es noble y bueno es algo deseado por sí
mismo"[16]. A esto añade que "el hombre contemplativo necesitará
del bienestar externo, ya que nuestra naturaleza no se basta a sí

---

14. *Ibid.*, I, 7, 1097a-1097b.
15. *Ibid.*, I, 7, 1098a.
16. *Ibid.*, X, 6, 1176b.

misma para la contemplación, sino que necesita de la salud corporal, del alimento y de los demás cuidados"[17].

En atención a lo señalado, Aristóteles considera que el fin final del ser humano tiene que ver con la actividad de razón, y más precisamente con la contemplación: la felicidad consistiría en contemplar la verdad. Así lo expresa en la *Ética a Nicómaco* al afirmar que "la actividad de la mente, que es contemplativa, parece ser superior en seriedad, y no aspira a otro fin que a sí misma y a tener su propio placer (que aumenta la actividad), entonces la autarquía, el ocio y la ausencia de fatiga, humanamente posibles, y todas las demás cosas que se atribuyen al hombre dichoso, parecen existir, evidentemente, en esta actividad. Ésta, entonces, será la perfecta felicidad del hombre, si ocupa todo el espacio de su vida, porque ninguno de los atributos de la felicidad es incompleto"[18].

Sin embargo, reflexiona Aristóteles que **como el hombre no puede dedicarse solo a la contemplación, porque es un ser que vive en el mundo y es práctico, debe encontrar la felicidad en lo más alto de la vida práctica: en la virtud.** Así lo establece al señalar que la vida contemplativa "sería superior a la de un hombre, pues el hombre viviría de esta manera no en cuanto hombre, sino en cuanto que hay algo divino en él; y la actividad de esta parte divina del alma es tan superior al compuesto humano. Si, pues, la mente es divina respecto del hombre, también la vida según ella será divina respecto de la vida humana"[19]. Consiguientemente concluye que "la felicidad consiste en el ejercicio y uso perfecto de la virtud"[20], es decir, el contenido de la felicidad del ser humano consiste en "una cierta actividad del alma de acuerdo con la

---

17. *Ibid.*, X, 8, 1178b-1179a.
18. *Ibid.*, X, 7, 1177b.
19. *Ibid.*
20. ARISTÓTELES, *Política*, VII, 1332a.

virtud"[21]. La felicidad se alcanza al ordenar la actividad humana conforme a la razón, pues en esto consisten las virtudes morales. Finalmente, al terminar la *Ética a Eudemo*, sostiene el Estagirita que la felicidad se alcanzará en aquello que acerque al hombre a Dios. Así lo expresa: la "elección y adquisición de bienes naturales –bienes del cuerpo, riquezas, amigos y otros bienes– que más promueve la contemplación de la divinidad, es la mejor, y esta norma es la más bella; pero aquella que por defecto o por exceso impide vivir y contemplar la divinidad es mala. El hombre posee esto en su alma, y ésta es la mejor norma para ella: percibir lo menos posible la otra parte del alma como tal"[22]. Ya este autor pagano, en el siglo IV a. C. sostenía desde la filosofía que la felicidad la encontraríamos en el Creador.

C. La felicidad desde la filosofía tomista

Tomás de Aquino –también llamado el Aquinate– fue un monje dominico que desarrolló considerablemente la filosofía y la teología en diversas temáticas. Es considerado el gran comentador de Aristóteles –a quién llamaba 'el Filósofo'–, cuya filosofía es el punto de partida de su propio pensamiento. Hay que considerar que la filosofía tomista cuenta con la revelación judeocristiana, pues Tomás de Aquino es un filósofo cristiano. De modo que el título de este apartado podría ser: 'La felicidad para la filosofía cristiana'.

Tomás de Aquino parte de la premisa de que **el ser humano debe alcanzar su felicidad en su dimensión espiritual, que es inmortal, ya que es esta la que añora ese fin final**. Por esta razón indica que "la bienaventuranza última y perfecta sólo puede

---

21. ARISTÓTELES, *Ética a Nicómaco*, I, 9, 1099b.
22. ARISTÓTELES, *Ética a Eudemo*, VIII, 3, 1249b.

estar en la visión de la esencia divina"[23]. Esto indica que **el bien infinito y perdurable es Dios, por lo que la felicidad del hombre se encuentra en Él**. Esta idea la resumen Yepes y Aranguren de la siguiente manera: "Dios es la suprema felicidad del hombre pues es en Él donde se colma plenamente el anhelo que marca la vida de todos los hombres. Dios es el amigo que nunca falla"[24].

El Aquinate considera que el deseo de bien –esto es, la felicidad– no puede saciarse en esta vida, "pues el hombre desea naturalmente la permanencia del bien que tiene. Pero los bienes de la vida presente son transitorios, puesto que la vida misma pasa y la deseamos naturalmente, queremos que permanezca sin interrupción, porque el hombre rehúye naturalmente la muerte. Por consiguiente, es imposible tener en esta vida la verdadera bienaventuranza"[25]. Para Tomás de Aquino, en esta vida solo podemos participar parcialmente de la bienaventuranza obrando el bien. Esto es así porque, como la bienaventuranza requiere de la rectitud de la voluntad, y esta se alcanza por medio de las virtudes morales, "la bienaventuranza es premio de las operaciones virtuosas"[26].

D. *La felicidad desde la filosofía de Leonardo Polo*

Leonardo Polo coincide con la tradición clásica respecto de que el hombre ha sido creado para ser feliz y, del mismo modo que Tomás de Aquino, señala que "cuando se pregunta acerca de cuál es el fin del hombre, es lógico responder que el fin del hombre es Dios"[27]. El ser humano, que es un ser espiritual abierto hacia un

---

23. TOMÁS DE AQUINO, *Summa Theologica*, I-II, q. 3, a. 8.
24. YEPES, R y ARANGUREN, J., *Fundamentos de Antropología*, p. 168.
25. TOMÁS DE AQUINO, *Summa Theologica*, I-II, q. 5, a. 3.
26. *Ibid.*, I-II, q. 5, a. 7.
27. POLO, L., *Ayudar a crecer*, p. 304.

futuro irrestricto, para lograr la felicidad debe alcanzar un "bien imperecedero, y por tanto inmaterial. El bien tiene que ser infinito, espiritual y eso es Dios: lo único que puede hacer enteramente feliz al hombre es la posesión de Dios, gozar de Él, porque Dios es un bien espiritual incorruptible, eterno, y además infinito, que colma todos los anhelos del corazón humano"[28]. Por esta razón, para Polo, el fin final del hombre consiste en coexistir amorosamente con el Creador, de manera que todos los bienes que procure el ser humano le permitan esta coexistencia.

Tal como se indicó más arriba, en su antropología trascendental Leonardo Polo considera que cada *persona* es el *quién* único e irrepetible, la *intimidad* más radical, el *acto de ser personal*. Además, para Polo cada acto de ser personal –la novedad única e irrepetible– es creado directamente por Dios por amor de predilección, es decir, el Creador prefiere y quiere la existencia de cada *persona* creada. A esta predilección divina el ser humano debe responder por medio de obras de amor, que son el don que procede de la aceptación *personal íntima* de cada quién[29]. Por tanto, para Polo **la felicidad se encuentra en la coexistencia amorosa con el Creador**.

Junto a lo anterior, corresponde tener en cuenta también que para Leonardo Polo la *persona* no 'tiene' libertad, sino que 'es' libertad. La libertad es considerada en su antropología trascendental como un trascendental personal: 'coexistencia libre'. Que la *persona* sea libertad significa que es un ser coexistente, abierto al futuro y aportante, que añade algo nuevo. Por este motivo, Polo indica que el *ser* del hombre es pura 'efusión': es aporte efusivo, pura novedad. Y como cada *persona* es única e irrepetible, cada

28. Polo, L., *Ética*, p. 232.
29. "El amor de predilección debe ser correspondido con obras, y no de forma leve o perezosa". Polo, L., *Antropología trascendental*, p. 491.

quién alberga en su intimidad una forma personal de aportar, una misión que le es propia y que nadie más puede cumplir. A esto se llama '*vocación*'.

Por otro lado, la antropología propuesta por Leonardo Polo considera que **solo el Creador conoce la intimidad de cada persona y que es el propio Creador quien le desvela a cada persona quién es y quién está llamado a ser**: "el quien humano sólo se sabe en Dios"[30]. Esta tesis aparece también en dos autores cristianos clásicos. Primero en Agustín de Hipona, quien escribe: "vos solamente, Señor, sois el que puede hacer juicio cabal de lo que soy, pues aunque es cierto que ninguno de los hombres puede llegar a saber lo que pasa en lo interior de otro hombre, sino el mismo espíritu que está en cada uno de ellos, hay, no obstante, algunas cosas en el hombre que aun el mismo espíritu que le anima no las sabe cabal y perfectamente. Sólo Vos, Señor, que le habéis creado, conocéis todas sus cosas con ese cabal y perfectísimo conocimiento"[31]. También se encuentra en Tomás de Aquino, quien indica que es "exclusivo de Dios el conocer los secretos de los corazones"[32], porque nadie más que el ser divino puede penetrar en la intimidad de otra persona.

Ahora conviene tener presente que, si el aporte de cada persona se lleva a cabo de manera única e irrepetible según *quién es* y está llamado a ser, y es el Creador el único que conoce realmente esa intimidad, será Él mismo el que encargue a cada persona su misión personal. En este sentido, si una persona no aporta a través del cumplimiento de su misión personal, nadie más podrá hacerlo como él está llamado: cada misión es un encargo personal y no para otra *persona* distinta. **Toda persona tiene *su* propio encargo**

---

30. Polo, L., *La persona humana y su crecimiento*, p. 96.
31. Agustín de Hipona, *Las confesiones*, X, 5.
32. Tomás de Aquino, *Summa Theologica*, I, q. 117, a. 2.

íntimo, su propia vocación, y ninguna persona carece de este. Además, el encargo de cada persona es único e irrepetible, lo que quiere decir que no hay dos llamadas o encargos iguales. De lo señalado se desprende que es muy relevante que cada *persona* se encuentre con el Creador en su *intimidad*, de manera que, sea Él quien le muestre su encargo personal. Como veremos más adelante, a esto tiene que contribuir el proceso educativo: **ayudar al educando a lograr un conocimiento personal de cara a Dios, para que le muestre quién es y quién está llamado a ser**.

Por ser única e irrepetible cada *persona* no se basta a sí misma, sino que está llamada a coexistir personalmente. En este sentido, Leonardo Polo considera que *cada quién* co-existe con Dios. Y como todo ser personal es un don creado por Dios, cada persona debe aceptar ser quién es: debe aceptar su ser personal. Esa aceptación *personal* constituye un dar a su Creador, un dar que busca la aceptación divina. Es decir, el hombre se da a Dios en aceptación de su don, pues en eso consiste el coexistir *personal* de cara a Dios. Dicho de otra manera, como la creación de una persona es la donación de su ser, el ser personal creado se dobla en aceptar su ser y ofrecer dones de amor a su Creador.

El don que ofrece la persona a su Creador se genera por medio de su obrar, con sus actos buenos, sus acciones virtuosas. La persona que aceptando su ser se vuelca en dar no puede ofrecer su propio ser a Dios, porque si lo donara, dejaría de ser. Por este motivo, **la persona constituye por medio de su actuar los dones que ofrece a Dios**.

Esos dones de amor buscan la aceptación divina, que es la que otorga valor al don del hombre, ya que la persona humana, como criatura que es, no puede añadir nada a Dios, y es Dios la fuente de la coexistencia amorosa con cada persona. Esto indica que, si el don no fuera aceptado por el Creador, la *persona* no coexistiría con Él, ya que lo que el hombre ofrece a Dios es insignificante para un ser todopoderoso, y solo adquiere valor por medio de la aceptación divina[33]. El don que ofrece la persona adquiere valor al ser aceptado por Dios. Así se logra la coexistencia radical con Dios. Para Leonardo Polo, el fin de la *persona* es crecer, y este crecimiento se da en su coexistencia amorosa con Dios, cumpliendo con su encargo divino.

En relación con la coexistencia amorosa con el Creador, cabe referirse brevemente a la coexistencia de cada ser humano con el mundo —por medio del trabajo— y con los demás seres humanos —por medio de las relaciones interpersonales—. A estas coexistencias Polo las denomina 'tipos de coexistencia', porque, no siendo la coexistencia *personal* propiamente tal —ya que solo se coexiste *personalmente* con Dios, solo Él puede penetrar en nuestra intimidad—, a través de ellos se perfecciona la naturaleza humana, ya que mediante ellas cada ser humano crece y genera los dones de amor para completar la coexistencia amorosa con Dios. Esto quiere decir que los dones de amor, que el ser humano ofrece al Creador para coexistir amorosamente con Él, los genera en su obrar, esto es, en su coexistencia con el mundo —trabajando— y con los demás seres humanos —en las relaciones interpersonales—. Es en el obrar humano, en estos dos tipos de coexistencia, en el que la persona realiza obras buenas que ofrece como don a Dios. Y todo esto se logra desde la *intimidad personal*, ya que se lleva a cabo a través del cumplimiento del encargo personal dado por el Creador. Dios encarga a *cada quién* una misión *personal* en su *intimidad*, y cumpliendo esta misión el ser humano crece y se perfecciona a través de la coexistencia con el mundo —en el trabajo— y con los demás hombres —en las relaciones sociales—, generando así los dones de amor para coexistir con Dios.

---

33. Cfr. Polo, L., *Antropología trascendental*.

2. El fin de la educación

Como considerábamos al introducir este capítulo, el 'para qué' de la educación es un interrogante que nos lleva a reflexionar sobre el fin del quehacer educativo. ¿Qué queremos lograr en nuestros educandos con el proceso educativo? Este interrogante es crucial al estudiar la educación, puesto que su respuesta será la guía de todo lo que se haga en la práctica educativa. Así como no hay ninguna actividad humana que se haga 'porque sí', tampoco existe nada neutro al educar. Por esta razón, hemos de afirmar que toda acción educativa debe tener un objeto educativo y tiene que cooperar, de alguna manera, con el fin de la educación.

Para estudiar el fin de la educación debemos tener presente que todo lo que se haga en relación con la educación deberá estar al servicio del fin de esta. Por este motivo es muy relevante dilucidar en qué consiste dicho fin. Como advierte Catherine L'Ecuyer: en la educación, "la decadencia casi siempre es el resultado de la confusión de los fines y de los medios"[34]. Por consiguiente, **es muy importante formar a los educadores para que no pierdan jamás de vista el fin de la educación, y así no tomen los medios educativos como si fuesen fines en sí mismos.** Si no tenemos esto presente, ocurrirá lo que denuncia Antonio Bernal Guerrero: "si las múltiples tareas de la educación no se integran entre sí para dar unidad y sentido a la vida humana pierden lo más importante y decisivo de su influencia en el hombre"[35]. Es decir, **si los medios de que disponemos para educar no se subordinan armónicamente al fin del quehacer educativo, dejan de ser medios edu-**

---

34. L'Ecuyer, C., *Conversaciones con mi maestra. Dudas y certezas sobre la educación*, Espasa Editorial Planeta, Barcelona, 2021, p. 309.

35. Bernal Guerrero, A., *Pedagogía de la persona. El pensamiento de Víctor García Hoz*, Escuela Española, Madrid, 1994, p. 43.

cativos y pasan a ser antieducativos. En palabras de Víctor García Hoz: "los objetivos particulares de cada acto educativo habrá de concurrir también a un mismo fin"[36]. De lo contrario, advierte en otra oportunidad el mismo autor, "el quehacer educativo corre el riesgo de convertirse en una suma de actividades y de aprendizaje inconexos e incompletos que, en lugar de integrar a la persona, la disgrega"[37].

A su vez, es relevante recordar que el fin que debe perseguir la educación es un medio que ayuda a alcanzar al hombre su fin último. Por este motivo afirma el profesor González Álvarez que, si bien no es un tema propio de la filosofía de la educación, esta requiere "saber a qué atenernos respecto del fin último para poder determinar la ordenación de la educación en su más alto grado"[38]. Por esta razón se comenzó este capítulo haciendo referencia al fin último del ser humano.

A. La madurez como fin de la educación

Si consideramos que educar es 'ayudar a crecer', podemos sostener entonces que el fin de la educación es el crecimiento del educando. **Educar es «ayudar a crecer», por tanto, el fin de esa ayuda que se presta es el crecimiento del ser que está siendo ayudado.** Sin embargo, cabe despejar un problema: si se educa para ayudar a crecer, y el crecimiento no tiene límite, ¿la educación tendrá algún límite? ¿Existirá realmente un fin para la educación? ¿Llegará un momento en que podamos decir 'este ser humano ya está educado'? La respuesta a estos interrogantes debiera ser más

---

36. GARCÍA HOZ, V., *La educación y sus máscaras*, p. 18.
37. GARCÍA HOZ, V., "La formación de la persona: puntos de referencia para su estudio", *Revista Española de Pedagogía*, Vol. 52, Nº 198, 1994, p. 214.
38. GONZÁLEZ ÁLVAREZ, Á., *Filosofía de la educación*, p. 194.

o menos la siguiente: **'si bien se puede crecer siempre, la educación formal no puede durar toda la vida, sino que debe tener un término; es decir, debe tener un objetivo al que se quiere llegar: es a lo que se llama el fin de la educación'.**

Lo que planteamos aquí como fin de la educación es la 'madurez', que el educando logre ser un 'hombre maduro' o una 'mujer madura'. Si bien tradicionalmente la madurez se ha visto como la correcta formación del carácter, en este estudio plantearemos la madurez de una manera distinta. La palabra madurez viene del latín *maturitas*, que hace referencia a cuando los frutos logran su sazón, esto es, cuando alcanzan su pleno desarrollo y consiguen su mejor gusto y sirven no solo para alimentar, sino también para reproducirse[39]. Dicho de otra manera, un fruto maduro es aquel que está listo para 'dar frutos'. En este sentido Víctor García Hoz considera que la madurez, para la educación, es la "disposición perfecta para la fecundidad de una vida"[40]. Es decir, la madurez se alcanzaría cuando el educando ya se encuentra listo para aportar a los demás. **Es el momento en que el educando deja de ser tal y pasa a ser educador.**

Leonardo Polo considera que el ser humano maduro es aquel que ha alcanzado la *'orientación global'*. Así lo expone en su libro *Ayudar a crecer. Cuestiones de filosofía de la educación*, al señalar que "la orientación global es necesaria para vivir adecuadamente. Todo hombre debe lograrla porque ésta marca la madurez"[41]. **Desde que se alcanza la orientación global el ser humano deja de necesitar la orientación del educador, porque está en condi-**

---

39. Cfr. Segura, S., *Nuevo diccionario etimológico Latín-Español y de las voces derivadas*, p. 450.

40. García Hoz, V., *Introducción general a una pedagogía de la persona*, Rialp, Madrid, 1993, p. 137.

41. Polo, L., *Ayudar a crecer*, p. 300.

ciones de tomar las riendas de su propio crecimiento. Es decir, la madurez como fin de la educación es el momento en que el educando deja de ser tal porque se encuentra capacitado para seguir desarrollando su vida de manera más autónoma, esto es, cuando cada persona logra alcanzar la '*iniciativa personal*' de su propio crecimiento. Es por este motivo que Leonardo Polo considera que "educar es dar al hombre una cierta suficiencia, que el hombre se valga por sí mismo"[42]. Lo dicho no quiere decir que una vez que se alcance esa suficiencia el ser humano deje de crecer o que no necesitará más ayuda para hacerlo –ya que siempre se necesitará de alguna ayuda para crecer–, sino que sugiere que desde ese instante cada persona podrá crecer de manera más autónoma e independiente.

La persona madura es aquella que sabe '*quién es*' y '*quién está llamada a ser*'. Así lo expresa Leonardo Polo: "la orientación global sólo es posible si tiene una comprensión de sí mismo suficientemente profunda, de lo contrario no se da"[43]. Es decir, la orientación global consiste en conocer *quién soy* y *quién estoy llamado a ser* desde mi propia *intimidad personal*, de cara al Creador. **El hombre maduro es aquel que ha descubierto su vocación divina de cara a Dios**. Es a lo que Víctor García Hoz llama el proyecto personal de vida: "la vocación se define progresivamente y alcanza todo su valor cuando se llega a formular el proyecto completo de vida personal. La progresiva formulación del proyecto personal de vida, la sucesiva realización del mismo con sus obligadas rectificaciones, porque propio del hombre es también rectificar, viene a ser la concreción de la vocación personal, que se va definiendo, mediante la reflexión sobre la propia experiencia, en

---

42. POLO, L., *Lecciones de ética*, en *Obras Completas*, Serie A, vol. XI, Eunsa, Pamplona, 2018, p. 38.
43. POLO, L., *Ayudar a crecer*, p. 300.

las sucesivas etapas y en los diferentes ámbitos de la existencia"[44].
No es otra cosa que **tomar la iniciativa personal del propio crecimiento según quién soy y quién estoy llamado a ser.** Por este
motivo Richard Stanley Peters considera que "ser educado no es
haber llegado a un destino; es viajar con otra mirada"[45].

B. *La orientación para la madurez*

Teniendo claro el 'para qué' de la educación, es necesario ade-
lantarse un momento en el 'cómo' lograr el fin de la educación.
Si bien este interrogante será tratado en el último capítulo de este
libro, es conveniente anticiparnos en una cuestión relevante en relación con el fin de la educación: en qué consiste la ayuda que se
presta al educando para crecer.

Educar es 'ayudar a crecer': el ser humano está hecho para
crecer, pero no puede crecer sin la ayuda de los demás, esto es,
sin la ayuda de los educadores. Teniendo esto presente se puede
señalar que **la educación consiste concretamente en la 'ayuda' para lograr el crecimiento y esa ayuda es la 'orientación',**
entendida como 'mostrar', 'dirigir', 'guiar', 'aconsejar', 'ordenar',
'recomendar', 'asesorar', 'sugerir', 'proponer', 'indicar'. Si el ser humano es libertad y solo puede crecer con su propio movimiento,
la ayuda no debe 'mover' al educando, sino que debe guiarlo para
que este logre su propio movimiento. Por esto se debe considerar
que la ayuda que el educador presta es la orientación. De ahí que
debemos afirmar que el acto educativo por excelencia consiste en

---

44. García Hoz, V., *Introducción general a una pedagogía de la persona*,
p. 212.
45. Peters, R. S., *Education as Initiation. An inaugural lecture delivered at
the University of London Institute of Education 9 December 1963*, The University
of London Institute of Education, London, 1964, p. 47.

orientar, y el educador es, por tanto, un orientador[46]. En este sentido, Tomás Alvira señala que **educar consiste en "guiar el proceso de desarrollo de nuestros hijos desde el momento de su nacimiento**; que podemos orientar ese proceso y, también, evitar desviaciones"[47]. El educador le muestra al educando 'cómo' crecer, pero no lo sustituye en ese crecimiento.

Sumado a lo anterior conviene considerar que, de cara al quehacer educativo, la orientación debe entenderse en sentido amplio. Esto quiere decir que no se orienta solo por medio de la conversación del educador con el educando, sino que el educador orienta al educando con su actuar y, en último término, con su *persona*. Por esta razón se ha de afirmar que **'no se educa solo con lo que se dice, sino también con lo que se hace: pero, sobre todo, se educa con lo que uno es**"[48].

Habiendo comprendido que el acto educativo por excelencia es la orientación y que el fin de la educación es la madurez, conviene señalar que el educador, deberá ayudar a que cada educando logre, de cara al Creador, conocer quién es y quién está llamado a ser. Por tanto, el educador debe orientar hacia un encuentro cara a cara con el Creador. Sin embargo, como la educación no consiste en un acto concreto, sino que es un proceso continuo por medio del cual ayudamos a crecer, la orientación hacia la madurez requerirá pasar por distintas etapas, dependiendo del nivel de desarrollo del educando. A su vez, cada una de estas etapas educativas requerirá de distintas fases de la orientación, con distintos objetivos o fines para cada una. Así lo considera Leonardo Polo al señalar que

---

46. Cfr. León-Parodi, J., *Fundamentación antropológica de la educación desde la filosofía de Leonardo Polo*.

47. Alvira, T., *¿Cómo ayudar a nuestros hijos?*, p. 12.

48. Cfr. León-Parodi, J., *Fundamentación antropológica de la educación desde la filosofía de Leonardo Polo*, p. 308.

la "vida es algo así como una construcción por fases de su propia madurez"[49]. Del mismo parecer es Víctor García Hoz, quien advierte que "la preparación para la vida implica la realización íntegra de cada etapa en la que se va fraguando la mejor disposición para realizar la siguiente"[50].

Teniendo presente lo indicado distinguiremos tres etapas o fases de la orientación para alcanzar la madurez: 1°. *La educación de las emociones*, que busca que el educando alcance normalidad en los afectos, y *de los sentidos internos*, que pretende el desarrollo de este nivel del conocer sensitivo del ser humano; 2°. *La educación del carácter*, que procura que el educando adquiera hábitos intelectuales y virtudes morales; y 3°. *La orientación hacia el encuentro íntimo con Dios*, que pretende que cada educando logre un encuentro con su Creador, para que este le devele quién es y quién está llamado a ser.

Paralelamente, corresponde tener presente que, como el hombre nace de manera muy prematura, dependiendo en un comienzo totalmente de sus educadores, en cada una de estas fases de orientación el educando irá logrando más autonomía en su crecimiento, hasta alcanzar la madurez, que consiste en haber adquirido la *iniciativa personal* de su propio crecimiento. Además, hay que aclarar que, como el ser humano es un ser sistémico y armónico, no puede ser educado por partes; y, por tanto, estas fases de la orientación necesariamente se integran armónicamente entre sí. **Esto quiere decir que las etapas de la orientación hacia la madurez tienen una continuidad y una unidad, por lo que no deben considerarse como compartimientos estancos**: al orientar la normalidad afectiva se orientan indirectamente las virtudes y el encuentro

49. POLO, L., *Escritos menores (1991-2000)*, p. 158.
50. GARCÍA HOZ, V., *Introducción general a una pedagogía de la persona*, p. 199.

íntimo con Dios. Y lo mismo sucede con cada una de las fases de orientación hacia la madurez.

A continuación estudiaremos dichas etapas ascendentemente en cuanto a su importancia: se comenzará por la educación de las emociones y de los sentidos internos, luego se estudiará la educación del carácter y, finalmente, se terminará con la orientación hacia el encuentro íntimo con Dios.

1) *La educación de las emociones y de los sentidos internos*

Leonardo Polo considera que "lo primero que se debe educar son los afectos, los sentimientos"[51]. Esto debe ser así porque el ser humano, en un comienzo, capta la realidad y se comunica por medio de los sentidos, de manera que si esa percepción inicial no está ordenada correctamente, lo que se conozca después tampoco lo estará. Si en el hombre los afectos no andan bien, se producirán problemas en el crecimiento de las otras dimensiones humanas. Por consiguiente, la falta de la educación afectiva traerá problemas para la educación de la inteligencia y de la voluntad. Si el educando no puede captar la realidad por medio de sus sentidos, no podrá luego abstraer correctamente con su inteligencia; y si se deja llevar siempre por sus gustos y emociones, no podrá más tarde adquirir virtudes morales. Es por este motivo que Leonardo Polo considera que la normalidad afectiva es el cimiento de la formación del carácter: "la normalización de los afectos de un ser humano es básica, de tal manera que si falla, tenemos una falta de fundamento para edificar una educación superior, o sea, una educación del intelecto y de la voluntad"[52].

Lo primero que debe educarse son los afectos: "la normalidad afectiva no es lo más importante, pero tiene carácter de re-

---

51. POLO, L., *Ayudar a crecer*, p. 189.
52. *Ibid.*, p. 189.

quisito, porque cuando la afectividad se desordena, la actividad de las facultades cognoscitivas superiores, como la inteligencia, se hacen muy difícil"[53]. Esta fase de la educación tiene como objetivo **lograr en el educando un equilibrio emocional –'la regulación afectiva', como dicen los psicólogos–, esto es, que el educando viva su emotividad con cierto control, de manera que pueda reconocer y gobernar sus emociones**[54]. Si el educando no es capaz de tener cierto control sobre sus emociones será un sentimentalista que, para Leonardo Polo, consiste en "vivir a base de afectos, de mis sentimientos, de agrados, de desagrados, buscando tal tipo de placer, huyendo de tal tipo de dolor, es encontrarse con una dotación muy precaria"[55]. Esta primera etapa de la educación de los afectos corresponde sobre todo a los padres –como primeros y principales educadores de sus hijos– y el periodo para llevarlo a cabo es en la primera infancia.

Para orientar hacia una normalidad de las emociones, los educadores contarán con dos herramientas: el apego y las normas. **Los padres por medio del apego, educarán la seguridad que da el poder contar siempre con alguien. Y a través de las normas, esas reglas que existen en todo hogar, ayudarán a aprender a convivir con los demás.** Cabe tener presente que las reglas nos ayudan a aprender a ganar y a perder; y también nos dan seguridad de cómo son las cosas, qué es lo que viene o qué podría ocurrir en ciertas circunstancias. Así se educan el apetito concupiscible y el apetito irascible, respectivamente.

---

53. *Ibid.*, p. 290.
54. Desde la visión de un educador, para profundizar en este aspecto se recomienda leer: AGUILÓ, A., *Educar los sentimientos. Inteligencia emocional y equilibrio afectivo*, 8ª edición, Palabra, Madrid, 2019.
55. POLO, L., *Presente y futuro del hombre*, p. 269.

Luego, o incluso en paralelo de la educación de los afectos, corresponde educar los sentidos internos. Tal y como dice Jaques Maritain, "el universo del niño es el universo de la imaginación"[56]. Por esta razón, Leonardo Polo considera que, antes de educar la inteligencia, "primero hace falta educar una dimensión del conocimiento sensible que también es estabilizable, a saber, la imaginación. A mi modo de ver, la educación de la imaginación es uno de los puntos básicos del aprendizaje intelectual"[57]. Esto debe ser así porque, como observa Tomás de Aquino, **"el entendimiento recibe necesariamente lo que le suministran las facultades aprensivas inferiores,** y así, perturbadas la imaginación, o la estimativa, o la memoria, por necesidad se resiente también de ello la acción del entendimiento"[58]. Por este motivo, advierte Leonardo Polo que "si la imaginación no alcanza su nivel máximo, la inteligencia funcionará mal. La inteligencia depende de lo que se le dé para abstraer, porque la inteligencia empieza abstrayendo a partir de las imágenes. **La inteligencia depende de lo que se le dé, por eso es un error tremendo estropear la imaginación"**[59].

Por lo indicado respecto del desarrollo de los sentidos internos, resulta tan relevante que existan buenos educadores desde la infancia, que son quienes conocerán los medios idóneos para educar esta dimensión del ser humano. El desarrollo de los sentidos internos tiene que comenzar cuanto antes, por lo que es importante —como afirma Francisco Altarejos— que los educadores tengan presente que "el desarrollo de la imaginación comienza en la infancia y se prolonga en la adolescencia y juventud"[60]. En el periodo

56. MARITAIN, J., *La educación en la encrucijada*, p. 90.
57. POLO, L., *Ayudar a crecer*, p. 223.
58. TOMÁS DE AQUINO, *Summa Theologica*, I, q. 115, a. 4.
59. POLO, L., *Ayudar a crecer*, p. 237.
60. ALTAREJOS, F., *Leonardo Polo: Pensar la educación*, p. 35.

de la infancia del educando, dice Polo, "el sistema nervioso es más «plástico» cabe una mayor o menor constitución de la facultad imaginativa"[61]. Por eso no se puede perder el tiempo.

La educación de la imaginación debe ser gradual y se tiene que realizar con los medios adecuados para cada edad. Este es el motivo de porque se debe evitar que los niños permanezcan constantemente expuestos a cualquier clase pantalla, ya que estas, al realizar todo el trabajo, inhiben el desarrollo de la imaginación y hacen permanecer al niño en la imaginación más básica, deseducando la imaginación. Al contrario, para que los chicos desarrollen su imaginación es conveniente leerles un buen cuento infantil, exponerlos a ciertos juguetes o instrumentos para que puedan percibir la realidad, hacerlos armar un buen puzle acorde a su edad. En esto las educadoras infantiles tienen gran destreza, y los padres deben apoyarse en ellas para lograr estos objetivos.

La educación de la memoria también es relevante en todo este proceso educativo. En este caso, Leonardo Polo afirma que "es una de las características humanas más importantes. Porque tenemos memoria podemos, digámoslo así, rescatar el pasado del olvido, integrarlo de tal manera que contemos con él y, en tanto que lo retenemos, abrir una posibilidad nueva. La memoria nos permite acumular experiencia. Parece que sin memoria no es posible ninguna de las acepciones de la palabra *experiencia*"[62]. **El desarrollo de la memoria es fundamental, puesto que si el ser humano no la tuviese bien desarrollada no podría usar lo que ha sido captado por la imaginación y tendría que partir siempre desde cero.** Es necesario que el educando ejercite su memoria, para que cada vez pueda alcanzar un mayor rendimiento. Aunque

---

61. Polo, L., *Curso de teoría del conocimiento I*, en *Obras Completas*, Serie A, vol. IV, Eunsa, Pamplona, 2015, p. 296.
62. Polo, L., *Quién es el hombre*, p. 49.

no hay que darle una importancia desproporcionada, esta facultad no debe jamás descuidarse.

2) *La educación del carácter*

Thomas Lickona señala de manera elocuente que "nuestro carácter determina cómo actuamos cuando pensamos que somos invisibles para otros... «El carácter es lo que haces cuando nadie te ve»"[63]. De manera complementaria, Marvin W. Berkowitz indica descriptivamente que **"el carácter consiste en una serie de características que motivan y permiten que uno actúe como un agente moral (carácter moral), que uno haga su mejor trabajo (carácter performativo), que uno colabore efectivamente en espacios comunes para promover el bien común (carácter cívico), y que uno indague de manera efectiva sobre el conocimiento y la verdad y los persiga (carácter intelectual)"**[64].

Por otro lado, con una mirada más filosófica, Carlos Llano considera que "la formación del carácter es, en cierto modo, la conjugación de una inteligencia clara y de una voluntad firme ante la escurridiza y asistemática sensibilidad"[65]. De un parecer similar es el profesor norteamericano Alasdair MacIntyre, quien sostiene que el "carácter de un hombre no es otra cosa que el conjunto de las disposiciones que sistemáticamente le llevan a actuar de un modo antes que de otro, a llevar una determinada clase de vida"[66].

63. LICKONA, T., *Carácter. Cómo ayudar a las nuevas generaciones a desarrollar el buen criterio, la integridad y otras virtudes esenciales*, Producciones Educación Aplicada, Ciudad de México, 2010, p. 38.

64. BERKOWITZ, M. W., *Modelo PRIMED de educación del carácter. Seis principios esenciales para la mejora escolar*, Eunsa, Pamplona, 2022, p. 53.

65. LLANO, C., *Formación de la inteligencia, la voluntad y el carácter*, Editorial Trillas, Ciudad de México, 2005, p. 7.

66. MACINTYRE, A., *Tras la virtud*, Austral Editorial, Barcelona, 2021, p. 59.

Nosotros, de manera simplificada, podríamos considerar que **el carácter está conformado por el conjunto perfecciones de la inteligencia y de la voluntad que posee cada ser humano, permitiéndole actuar –de manera libre– de acuerdo con la verdad y el bien.**

Actualmente, la educación del carácter está de moda en la investigación educativa del mundo anglosajón; y, lentamente, va permeando la de los países hispanohablantes. Grandes centros de educación del carácter integrados por notables académicos dedican muchos recursos para investigar esta temática. Por lo general, estas investigaciones encuentran su fundamentación en la filosofía aristotélica y, las más profundas de ellas, consideran la educación del carácter no como un fin en sí mismo, sino como un medio para alcanzar el florecimiento personal[67] o para nutrir el florecimiento de la bondad humana[68]. Y si bien muchos de estos investigadores son contemporáneos y usan terminologías del mundo de la psicología, sus propuestas no difieren mucho de las planteadas por grandes filósofos de la educación y educadores de nuestra época, que han fundamentado sus estudios en la tradición clásica[69].

---

67. Cfr. KRISTJÁNSSON, K., *Aristotelian Character Education*, Routledge, Nueva York, 2015; *Flourishing as the aim of education. A neo-atistotelian view*, Routledge, Nueva York, 2020.

68. Cfr. BERKOWITZ, M. W., *Modelo PRIMED de educación del carácter*.

69. Cfr. AGUILÓ, A., *Educar el carácter*, 12ª edición, Palabra, Madrid, 2019; ALCÁZAR, J. A. Y JAVALOYES, J. J., *Apuntes para una orientación centrada en la persona*, Identitas Editorial, Madrid, 2015; ALTAREJOS, F., *Educación y felicidad*; ALTAREJOS, F. Y NAVAL, C., *Filosofía de la Educación*, 3ª edición, Eunsa, Pamplona, 2011; BARRIO, J. M., *Elementos de Antropología Pedagógica*; BERNAL MARTÍNEZ DE SORIA, A., *Educación del carácter/Educación Moral. Propuestas educativas de Aristóteles y Rousseau*, Eunsa, Pamplona, 1998; CARDONA, C., *Ética del quehacer educativo*; ESCÁMEZ, J., *La formación de hábitos como obje-*

A mi parecer, **el aporte más contundente de estas nuevas propuestas educativas tiene que ver principalmente con dos asuntos. El primero es que han logrado poner sobre el tapete una temática que estaba totalmente perdida en el quehacer educativo contemporáneo.** La educación se había reducido casi en su totalidad a un prolijo número de técnicas para que los estudiantes pudieran aprender ciertos contenidos curriculares, obtener buenos resultados en determinadas pruebas estandarizadas, ingresar a la universidad para obtener una carrera profesional y ser productivos para mercado laboral. Ahora, gracias a estas nuevas investigaciones esto está cambiando, lentamente, pero está cambiando. Y el segundo asunto, es que, **con gran sentido común, han logrado simplificar muchos conceptos filosóficos que antes eran complejos y tornaban poco ameno el estudio de estas materias.** Lamentablemente esta simplicidad –si bien no en todos los casos, pero si en alguno de ellos– ha sido a costa de 'aguar' algunos elementos importantes sobre la fundamentación antropológica que está detrás de la educación del carácter. Por ejemplo, a día de hoy pocas personas son capaces de distinguir entre competencias, valores y virtudes, conceptos que aparentemente significan lo mismo pero que, en rigor, denotan cosas diferentes.

tivos educativos, Secretariado de Publicaciones, Universidad de Murcia, Murcia, 1981; García Hoz, V., *Cuestiones de filosofía individual y social de la educación*; *Educación personalizada*, 6ª edición, Rialp, Madrid, 1985; González Álvarez, Á., *Filosofía de la educación*; Isaacs, D., *La educación de las virtudes humanas y su evaluación*, 13ª edición, Eunsa, Pamplona, 2000; Llano, C., *Formación de la inteligencia, la voluntad y el carácter*; MacIntyre, A., *Tras la virtud*; Maritain, J., *La educación en la encrucijada*; Martínez García, E., *Ser y Educar*; Melendo, T., *Diez principios y una clave para educar correctamente*, Edufamilia, Málaga, 2017; Millán Puelles, A., *La formación de la personalidad humana*; Naval, C., *Educación, Retórica y Poética. Tratado de la educación en Aristóteles*, Eunsa, Pamplona, 1992.

a) La educación de la inteligencia

a. La inteligencia como potencia

Después de la educación de los sentidos internos, viene el desarrollo de la inteligencia. Esta, según advierte Aristóteles, consiste en "aquella parte del alma con el que el alma conoce y piensa"[70]. Su fin es conocer la verdad, lo que es fundamental al momento de educar: cómo motivar su búsqueda, cómo ayudar a alcanzarla, cómo promoverla y defenderla una vez alcanzada. Esto es primordial en el ser humano, porque –como bien dice Aristóteles– "todos los hombres por naturaleza desean saber"[71].

Antes de proseguir, es necesario dejar claro que **la verdad –que es el fin de la inteligencia– es la 'adecuación a la realidad'. Por consiguiente, uno encuentra o descubre la verdad, no la crea o construye –como plantea el constructivismo–**. Como decían los clásicos, **'las cosas son lo que son, no lo que uno cree que son o quiere que sean'**. Esto es muy relevante, puesto que la verdad no depende de nuestras percepciones o puntos de vista, sino que de la realidad que percibimos. Claramente esta realidad que percibimos puede ser parcial o incluso equivocada, pero las cosas son lo que son y no lo que el que las percibe cree que son. **No existe, por tanto, la 'verdad para mí' o 'mi verdad', distinta de 'para ti' o de 'tu verdad'; la verdad es o no es.** Esto también choca con el convencionalismo, porque la verdad no es el consenso de la mayoría, sino que la verdad es la adecuación a la realidad. Un ejemplo puede ayudarnos a comprenderlo. Si mientras leemos este libro en pleno verano sentimos un ruido de lluvia (pongámonos en el caso de que no esté lloviendo) y creemos que está lloviendo; la verdad no es que está lloviendo, aunque lo percibamos así, aunque

---

70. Aristóteles, *Acerca del alma*, III, 4, 429a.
71. Aristóteles, *Metafísica*, I, 1, 980a.

nos pongamos de acuerdo con todos los que están en el salón con nosotros. Porque, pensemos lo que pensemos y queramos lo que queramos, si salimos a la calle con un paraguas o un chubasquero haremos el loco, pues la realidad es que no está lloviendo. Otro ejemplo puede ser más ilustrativo. Si en este momento en la selva del Amazonas cae un árbol y nadie lo puede percibir, de todas formas hay ruido de árbol cayendo, porque la realidad es que ha caído un árbol. Pero si nadie lo ha podido oír, ¡¿cómo podría habría ruido de árbol cayendo?! Pues, porque ha caído un árbol y la realidad es que cuando cae un árbol hace ruido de árbol cayendo. Porque recordemos esta premisa: 'las cosas son lo que son y no lo que yo creo o quiero que sean, tampoco lo que la mayoría considera que sean'. La capacidad del ser humano de conocer la verdad es lo que ha intentado desprestigiar el constructivismo[72], que propone que cada persona debe construir la verdad y el conocimiento. Pero, el conocimiento y la verdad no se construyen, se descubren.

Por otro lado, conviene aclarar que **la inteligencia es una potencia inmaterial del alma, es decir, la inteligencia no tiene su sede en el cerebro.** Así lo sentencia Aristóteles: "el intelecto es separable en la misma medida en que los objetos son separables de la materia"[73]. Para probar este asunto se pueden usar dos argumentos. El primero consiste en que el acto inicial de la inteligencia es la abstracción, y la abstracción es la capacidad de universalizar, es decir, la inteligencia no se queda en lo meramente concreto, sino que presenta formas universales. Esto queda claro al ver la conversación que tienen dos niños sobre 'sus papás'. Al principio, para un niño es desconcertante ver que se le llame papá a alguien que no es 'su papá'. Los niños no tienen la capacidad de abstraer, no pueden universalizar el concepto de 'papá': para ellos

---

72. Cfr. L'ECUYER, C., *Conversaciones con mi maestra*, pp. 184-200.
73. ARISTÓTELES, *Acerca del alma*, III, 4, 429b.

'papá' es 'su papá'. Algo similar ocurre con las cantidades. Un niño no es capaz de percibir que un pan partido por la mitad es la misma cantidad que el mismo pan sin partirse. El chico creerá que tiene mayor cantidad de pan si se parte y se le dan las dos mitades. Luego volveremos a la abstracción. Al argumento de la abstracción se puede añadir el de 'la capacidad de negar'. Con la inteligencia –dice Leonardo Polo– se "puede pensar la negación, la cual es obviamente irreal; lo negativo no existe; físicamente en la naturaleza no hay nada negativo"[74], y si "el acto de entender no fuera independiente de toda temporalidad, no podríamos pensar lo negativo, que está enteramente separado del tiempo, pues ni siquiera es"[75].

Respecto de lo dicho sobre la inmaterialidad de la inteligencia, conviene recordar que, **si bien la inteligencia es inmaterial, sin embargo –como aclara Aristóteles–, sin los sentidos internos bien desarrollados, la inteligencia no tiene de donde abstraer**[76]. Esto es así porque –tal y como lo explica Tomás de Aquino– "el entendimiento recibe necesariamente lo que le suministran las facultades aprensivas inferiores, y así, perturbadas la imaginación, o la estimativa, o la memoria, por necesidad se resiente también de ello la acción del entendimiento"[77]. Por tanto, **si la imaginación no se encuentra bien desarrollada la inteli-**

---

74. Polo, L., *Ética*, p. 193. "Advertir que nuestro conocimiento es universal, o negativo, o reflexivo, etc., son distintas maneras de mostrar la inmaterialidad del pensamiento. Por consiguiente, o en nosotros hay algo constitutivamente inmaterial, o no podríamos ejercer estos actos". *Quién es el hombre*, p. 168.

75. *Ibid.*, p. 167.

76. "El inteligir parece algo particularmente exclusivo de ella; pero ni esto siquiera podrá tener lugar sin el cuerpo si es que se trata de un cierto tipo de imaginación o de algo que no se da sin imaginación". Aristóteles, *Acerca del alma*, I, 1, 403a.

77. Tomás de Aquino, *Summa Theologica*, I, q. 115, a. 4.

gencia no podrá abstraer correctamente. Si no puede abstraer, tampoco podrá ejercer actos superiores a la abstracción. Antes de pasar a estudiar los actos de la inteligencia y los hábitos intelectuales, conviene tener presente que, de entrada, la inteligencia es una potencia pasiva. Aristóteles dice que "lo inteligible ha de estar en él del mismo modo que en una tablilla en la que nada está actualmente escrito: esto es lo que sucede con el intelecto"[78]. De esto, se hace eco Tomás de Aquino, quien indica que el entendimiento humano, de entrada, está en potencia con respecto a lo inteligible, de manera que en un principio estamos sólo en potencia de inteligir, y luego inteligimos en acto[79]. Para Leonardo Polo, que sea una potencia pasiva quiere decir que requiere ser activada para poder ejercer sus actos: "el factor que pone en marcha a la potencia intelectiva –visividad– es el fantasma iluminado por el intelecto agente; por eso se suele hablar de especie impresa intelectual"[80]. La persona ilumina su inteligencia suscitando actos y hábitos en ella. En palabras de Leonardo Polo: "al suscitar, asimismo, la luminosidad del fantasma, que es aportada a la potencia intelectual, ésta ejerce la operación abstractiva; y al suscitar los hábitos adquiridos, se ejercen las operaciones que prosiguen a la abstracción"[81]. Antes de ser activada la inteligencia forma parte de

---

78. Aristóteles, *Acerca del alma*, III, 4, 429b.

79. "El entendimiento humano, el último en el orden de los entendimientos y el más alejado de la perfección del entendimiento divino, está en potencia con respecto a lo inteligible. Y, al principio, es *como una tablilla en la que nada hay escrito*, como dice el Filósofo en III *De Anima*. Esto resulta evidente por el hecho de que en un principio estamos sólo en potencia para entender, y luego entendemos en acto. Así, pues, resulta evidente que nuestro entender es *un cierto padecer*, según el tercer sentido de pasión. Consecuentemente, el entendimiento es una potencia pasiva". Tomás de Aquino, *Summa Theologica*, I, q. 79, a. 2.

80. Polo, L., *Antropología trascendental*, p. 392.

81. *Ibid.*, p. 185.

la naturaleza humana –qué somos–; una vez activada pasa a ser parte de la esencia del hombre –cómo somos–, porque es cuando comienza a adquirir perfecciones intrínsecas.

b. Los actos de la inteligencia

Ahora volvamos a los actos de la inteligencia. Como decíamos, el primer acto de la inteligencia es la *abstracción*, que consiste en **presentar los objetos de los sentidos internos pero de manera universal**. Lo universal es una forma inmaterial que remite a lo sensible, de donde la forma se ha abstraído; por lo tanto, necesariamente la inteligencia tiene que ser inmaterial, porque sus objetos son inmateriales. Leonardo Polo, para explicar el concepto de abstracción utiliza el 'experimento del chimpancé y el fuego'. Explica que en este experimento se pone a un chimpancé en una balsa rodeada de agua, y en medio de ella se pone un plato de comida rodeado de fuego. Al chimpancé se le ubica en la balsa con un balde lleno de agua y con un cucharón para sacarla. Acto seguido, se le enseña al chimpancé que con el agua del balde puede apagar el fuego y poder así comer, repitiéndose el ejercicio varias veces hasta que el chimpancé aprende a hacerlo solo. Un día se deja al chimpancé con el balde vacío, ese día el chimpancé –aunque estaba en una balsa rodeada de agua– no pudo comer porque no logró apagar el fuego. A través de este experimento queda claro que el chimpancé no tiene la idea universal de que el agua sirve para apagar el fuego[82]. Respecto de la abstracción, Aristóteles advierte que lo pensado no es la realidad sino que 'está pensado' según ella[83]: el fuego pensado no quema, pero el objeto fuego está

---

82. Cfr. POLO, L., *Quién es el hombre*.

83. Lo inteligido "no son las cosas mismas, toda vez que lo que está en el alma no es la piedra, sino la forma de esta". ARISTÓTELES, *Acerca del alma*, III, 8, 431b.

pensado según el fuego real. En otras palabras, el objeto conocido es intencional[84], porque –como aclara el profesor José Ignacio
Murillo– "al conocer no duplicamos la cosa ni desprendemos una
parte de ella"[85].

A continuación del acto de abstraer, que consiste en presentar
los objetos de los sentidos internos universalizándolos –y que es el
acto intelectual más básico–, el ser humano puede ir ejerciendo
actos intelectuales cada vez más perfectos[86]. Después de la abstracción vienen los *actos generalizantes*, que consisten en **conocer
objetos pensados generales a los cuales se les llama 'ideas'**. El
acto generalizante –llamado por Tomás de Aquino abstracción
formal– es una abstracción mayor. Por ejemplo, tras la abstracción
de perro y de gato se puede generalizar y formar las ideas de mamí-
fero, o animal o viviente. Esto es lo que se conoce coloquialmente
como las relaciones de género y especie. Actos generalizantes son
el definir, el preguntar, el juicio lógico, el silogismo, entre otros.
Lo particular de la generalización es que se va separando más de la
realidad física y conoce ideas cada vez más generales.

Luego se encuentra el *acto de concebir*, que consiste en **el acto
que permite a la razón conocer unidas dos causas de la realidad
física: la causa material y la causa formal, la cuales conforman
las 'sustancias' inertes**. A su vez, este acto también permite conocer los accidentes de la realidad física. El acto de concebir es el
primer acto de la vía de la razón que permite descubrir progresivamente la índole de la realidad física. En resumen, el acto de concebir hace posible conocer las substancias de la realidad hilemórfica.

84. "El intelecto en acto se identifica con sus objetos". *Ibid.*, III, 7, 431b.
85. Murillo, J. I., *Invitación a la antropología*, pro manuscripto, p. 74.
86. Las ideas que siguen sobre los actos de la inteligencia y los hábitos
intelectuales son extraídos de: Sellés, J. F. y Gallardo, F., *Teoría del conocimiento*, Eunsa, Pamplona, 2019. No se cita cada una de las frases textuales para
no interrumpir excesivamente la lectura.

Posterior al acto de concebir es el *acto del juicio*, que **es el acto que compone y divide, afirma o niega algo de la realidad física –accidentes– de algo también de la realidad física –sustancia–.** Los actos de juzgar atribuyen accidentes a sustancias (ej. el ladrar al perro), y en esta atribución, dado que ni los accidentes ni las sustancias son fijas o estables sino cambiantes, los actos de juzgar advierten tales cambios, lo cual indica que el acto del juicio conoce el movimiento, es decir, la causa eficiente, y, por consiguiente, el tiempo. A su vez, cuando ejercemos pluralidad de juicios acerca de la realidad física nos damos cuenta que en la naturaleza hay una compatibilidad entre las realidades y sus movimientos. Notar tal compatibilidad entre los movimientos físicos es descubrir que están vinculados entre sí según una unidad de orden, lo cual indica que conocemos la causa final, que no es otra cosa que la unidad de orden del universo físico.

Finalmente, está el *acto de fundamentar*, que **consiste en la operación que indaga lo que en la realidad es primero, el fundamento de la realidad física, es decir, el 'principio' de las cuatro causas (material, formal, eficiente y final), ya conocidas por medio del juicio.** Ese principio debe responder al porqué de las cuatro causas. Si el universo físico es uno (aunque conformado por cuatro principios o causas indisociables entre sí), tiene que tener un único principio activo que lo haga ser unitario. Las cuatro causas aunadas conforman la esencia del universo físico. El acto respecto de la esencia es el acto de ser. Por tanto, tras conocer la esencia con el juicio, este nuevo y superior acto racional busca el acto de ser del universo físico. Con todo, el acto de ser es un acto real extramental de índole superior a un acto de conocer de la razón y también a un hábito cognoscitivo suyo. Por eso, ningún acto y hábito racional lo puede conocer. Por tanto, este acto de conocer lo da por supuesto, es decir, nota que existe una base de lo físico, pero no puede explicar o desvelar su índole.

c. Los hábitos intelectuales[87]

Como se ha indicado más arriba, la inteligencia es una potencia pasiva, ya que, de entrada, es *tabula rasa*. Si bien a simple vista una potencia pasiva puede considerarse menos perfecta que una potencia activa, esto no es así, ya que –como observa Polo– su carencia de actividad inicial "se compensa con una gran ventaja, y es que las potencias activas no son susceptibles de hábitos; funcionan siempre igual, y no se perfeccionan al ejercer actos. En tanto que existen hábitos intelectuales adquiridos, conviene considerar la inteligencia como potencia pasiva"[88].

Esto quiere decir, como advierte Aristóteles, que **la inteligencia es capaz de perfeccionarse con la adquisición de hábitos intelectuales**[89]. **Estos hábitos intelectuales consisten –según expone el profesor Sellés– en *"una perfección intrínseca, de índole inmaterial, adquirida en esta potencia que le permite a esta facultad conocer más y mejor. La inteligencia es susceptible de un crecimiento irrestricto merced precisamente a los *hábitos"*[90].

Leonardo Polo considera que la inteligencia y voluntad, más que facultades, deben considerarse como potencias inmateriales

---

87. Este apartado se encuentra publicado en León-Parodi, J., *Fundamentación antropológica de la educación desde la filosofía de Leonardo Polo*. Sin embargo, para dar coherencia al texto, se añaden algunos cambios.

88. Polo, L., *Antropología trascendental*, p. 395.

89. "Hay dos especies de virtud: la ética y la intelectual. En efecto, alabamos no sólo a los justos, sino también a los inteligentes y sabios. Pues hemos supuesto que lo digno de alabanza es la virtud o la obra, y estas cosas no son actividades, sino fuente de actividades. Y, puesto que las virtudes intelectuales se acompañan de razón, estas pertenecen a la parte racional, la cual, por tener razón, gobierna el alma". Aristóteles, *Ética a Eudemo*, II, 1, 1220a.

90. Sellés, J. F., *Antropología para inconformes*, p. 308.

del alma[91], ya que "decir que es una facultad no es estrictamente adecuado, si por facultad se entiende un principio próximo de operaciones situado en una naturaleza, la cual es la dimensión perfectiva de una sustancia, pues en ese caso la inteligencia no sería infinita. En sentido estricto, las facultades son orgánicas"[92]. En gran parte esta apreciación se debe a la posibilidad que tienen las potencias del alma de adquirir hábitos: "la inteligencia es susceptible de hábitos y, por eso, la inteligencia no es una mera facultad; la inteligencia adquiere hábitos en virtud de su propio operar, una especie de *feedback* en el que el operar redunda en el principio y lo perfecciona como tal... La inteligencia no es sólo principio de operaciones sino un principio perfectible en cuanto principio"[93]. La inteligencia puede adquirir hábitos intelectuales, esto es, puede perfeccionarse desde dentro –de manera intrínseca– y sin límite alguno –de manera irrestricta[94]–. En cambio, las facultades sensibles, que tienen soporte orgánico, no son susceptibles de adquirir hábitos, no se perfeccionan de la misma forma que las potencias del alma, ya que son potencias activas y, como aclara Ahedo Ruiz, "por funcionar siempre del mismo modo, no se perfeccionan al ejercer actos y, por tanto, no son susceptibles de hábitos"[95].

Según lo indicado, observa Leonardo Polo, la inteligencia es una potencia inmaterial capaz de adquirir hábitos, que son un per-

---

91. "La potencia intelectual, a la que también cabe llamar inteligencia, no es propiamente una facultad, precisamente por no tener realidad orgánica". Polo, L., *Antropología trascendental*, p. 175.

92. *Ibid.*, p. 408.

93. Polo, L., *Persona y libertad*, p. 83.

94. "La inteligencia es infinita porque es susceptible de hábitos que no la saturan". Polo, L., *Antropología trascendental*, p. 411.

95. Ahedo Ruiz, J., *El conocimiento de la naturaleza humana desde la sindéresis. Estudio de la propuesta de Leonardo Polo*, Cuadernos de Anuario Filosófico, Nº 223, Servicio de Publicaciones de la Universidad de Navarra, Pamplona, 2010, p. 78.

feccionamiento que ella misma se da. Así, por medio de los hábitos "la inteligencia no se «olvida» de que ha ejercido operaciones; dicho ejercicio queda retenido en ella en forma de hábito"[96]. Por esto hay que considerar los hábitos intelectuales como una iluminación de los actos ejercidos por la inteligencia: es conocer que se ejercen los actos intelectuales, es decir, es iluminar tales actos[97]. Dicho de otra manera, los hábitos intelectuales son la forma en que el hombre se percata de sus actos intelectuales. Por ejemplo: 'por medio del hábito abstractivo se conoce que se abstrae'.

En palabras de Javier Pérez Guerrero: "los hábitos intelectuales, que son actividades superiores, tienen como tema las propias operaciones. El hábito conoce la operación destacándola de su objeto. Por decirlo así, se olvida del objeto conocido por la operación y se detiene en el propio conocer, en la operación"[98]. Consecuentemente, **los hábitos intelectuales perfeccionan la inteligencia porque permiten la prosecución operativa de la inteligencia, que sin dichos hábitos se detendría**, como observa Polo[99]. A raíz de esto, cabe indicar con Juan García González que "con la adquisición de esos hábitos la inteligencia humana se repotencia para ejercer nuevas y superiores operaciones; hasta el punto de que sin ellos la inteligencia no podría pasar de ejercer una operación a la siguiente, que es superior"[100]. Por tanto, cabe señalar que los hábitos intelectuales hacen crecer la inteligencia. Es decir, por medio de los hábitos intelectuales el hombre puede 'dirigir' sus actos

---

96. Polo, L., *Antropología trascendental*, p. 175.

97. "Cuando se trata de hábitos intelectuales, el hábito es una iluminación, y para eso hay que decir qué es lo iluminado. Si los hábitos se adquieren por haber ejercido operaciones, lo iluminable es la operación". Polo, L., *Persona y libertad*, p. 75.

98. Pérez Guerrero, J., *Educar mirando a los ojos*, p. 113.

99. Cfr. Polo, L., *Antropología trascendental*, p. 352.

100. García González, J. A., *El hombre como persona*, p. 144.

intelectuales, puede disponer según ellos, haciendo libre su inteligencia[101]. En palabras de Sellés cabe decir que el "requisito para la prosecución de la inteligencia es la iluminación ya no de las especies, sino de la propia operación intelectual, y eso constituye un hábito"[102].

Teniendo en cuenta lo anterior, la inteligencia en su estado de naturaleza –potencia pasiva como *tabula rasa*– no es libre, sino que se hace libre al '*esencializarse*', esto es, al perfeccionarse mediante la adquisición de hábitos intelectuales. Por esto Leonardo Polo afirma que la abstracción, de suyo, no es libre, sino que se hace libre desde el momento en que es iluminada por el hábito abstractivo –desde que se conoce que se abstrae–. Son los hábitos intelectuales los que hacen libre a la inteligencia, por esto señala Polo que son una manifestación de la libertad personal: la libertad intelectual es habitual, no operativa[103]. Como consecuencia de esto, considera que el ser humano tiene "una ladera de la libertad en el orden de *la inteligencia*, en tanto que somos seres pensantes y en tanto que nuestro pensar depende de una realidad trascendental, de un intelecto en acto, un intelecto como acto de ser personal, de la persona humana. Somos capaces de hábitos intelectuales, y según esos hábitos somos libres manifestativamente, dispositivamente"[104].

Según lo dicho, cada acto de la inteligencia tiene –por correspondencia– su hábito intelectual: la abstracción el *hábito abstractivo*, la generalización el *hábito generalizante*, el concepto el *hábito conceptual*, el juicio el *hábito judicativo* o *de ciencia*, el fundamentar el *hábito de los axiomas lógicos*.

---

101. "La gran ventaja de las potencias pasivas respecto de las activas es que son susceptibles de hábitos, y justamente así son investidas por la libertad". POLO, L., *Antropología trascendental*, p. 400.

102. SELLÉS, J. F., *El conocer personal*, p. 88.

103. Cfr. POLO, L., *Persona y libertad*, p. 75.

104. *Ibid.*, p. 77.

b) La educación de la voluntad

a. La voluntad

Ahora corresponde detenernos en la voluntad. Para comprender cabalmente esta potencia inmaterial del alma, primero se hará un pequeño resumen histórico sobre las distintas versiones sobre ella[105]. Los filósofos griegos consideraron la voluntad como una potencia inferior a la inteligencia, ya que por ser *oréctica* –deseante– y mirar hacia lo que no posee, se le consideró como imperfecta. Por otro lado, la inteligencia era vista como capaz de tener ideas, por lo que es más perfecta que la potencia que es carente, como es el caso de la voluntad. En efecto, por ser deseante y no posesiva, la voluntad denota ausencia e imperfección y, como no se puede ubicar en Dios la imperfección, se decía que Dios es intelecto puro, pero no voluntad. Para esta línea del pensamiento, la única manera de que el deseo no se frustre es que sea guiado por el intelecto.

Por otro lado, en la Edad Media Tomás de Aquino, el gran comentador de Aristóteles, también plantea que la inteligencia es superior a la voluntad. Si bien para el Aquinate la voluntad también es activa –y, por tanto puede ubicarse en Dios–, esta es inferior a la inteligencia, por ser posterior a ella y menos activa. Sin embargo, a fines de la Edad Media surge una nueva postura que considera la voluntad superior a la inteligencia. El que desarrolla esta tesis es Duns Escoto, quien –en oposición a Aristóteles y Tomás de Aquino– plantea que la voluntad es una potencia activa, autónoma, espontánea y libre; nada determina la voluntad. Como consecuencia, Escoto considera que la voluntad divina es la máxi-

---

105. Cfr. GAMBRA, R., *Historia sencilla de la filosofía*, 30ª edición, Rialp, Madrid, 2016 y SELLÉS, J.F., *La filosofía en su historia. Síntesis y revisión crítica desde una concepción poliana*, Editorial Sindéresis, Madrid, 2020.

ma indeterminación y, por tanto, Dios puede hacer lo que quiera. De esto concluye que la voluntad es superior a la inteligencia, puesto que por su voluntad omnipotente Dios puede hacer lo que quiera: la identidad entre el querer y el poder es la omnipotencia. Este autor es la cuna del voluntarismo. Tras él, Guillermo de Ockham llevó al extremo los postulados de Escoto y consideró la omnipotencia divina como una omnipotencia arbitraria. Para él la voluntad se encuentra completamente aislada e independiente del conocer. Desde la filosofía de Ockham surgen múltiples errores sobre el estudio de la voluntad en los diversos planteamientos de los filósofos modernos.

El ser humano se inclina o tiende hacia lo que le conviene, hacia el bien. Es decir, en él hay ciertas tendencias que lo mueven hacia una determinada conducta. Dentro de las tendencias, encontramos aquellas que siguen al conocimiento –el apetito elícito– y aquellas que no lo siguen –el apetito natural–. De esta distinción, cabe aclarar que en sentido propio el apetito es el *elícito* ya que sigue a una forma conocida que desencadena la automoción[106]. De acuerdo con esto, se puede distinguir en el apetito elícito aquel apetito que sigue el conocimiento intelectivo, la voluntad, de aquel otro que sigue el conocimiento sensitivo, el sensible, del cual se pueden distinguir a su vez el apetito concupiscible y el irascible. **Estamos estudiando la voluntad, esto es, un tender del ser humano que sigue a la razón, por eso se le denomina tendencia racional.** La voluntad tiende según los

---

106. "El apetito queda dividido ahora en natural y elícito. El elícito es el propio del viviente que conoce, y el natural es el propio de todos los seres, y también lo tiene el ser que conoce, pero no en cuanto que conoce… Si nosotros le damos al apetito un sentido vital, entonces el apetito natural solamente es apetito en un sentido metafórico. En sentido más propio, es el apetito que sigue a la forma conocida". POLO, L., *Lecciones de psicología clásica*, en *Obras Completas*, Serie A, vol. XXII, Eunsa, Pamplona, 2015, p. 204.

medios captados por la razón práctica, de manera que Leonardo Polo la describe como "la tendencia que se corresponde con la inteligencia, y que es capaz de captar la formalidad de medio y de elegir entre ellos, lo cual requiere que el medio se destaque como tal"[107]. De esta manera, **la voluntad es la tendencia racional que elige los medios que llevan al hombre a su fin, que es lo que realmente este busca y quiere alcanzar.**

Si comparamos la voluntad con la inteligencia, podemos notar que la intención que se da en el acto de conocer respecto de lo conocido es intención de semejanza, mientras que en la intención que se da en el acto de querer respecto de lo querido es intención de alteridad. A este respecto afirma José Ignacio Murillo que "el conocimiento tiene una *intención de semejanza* –pues al conocer poseo una semejanza de la cosa–, mientras que las tendencias tienen una *intención de alteridad*, de otro. En virtud del conocimiento, la realidad está en el viviente, es poseída por él de acuerdo con su modo propio de ser. Mediante las tendencias, el viviente se orienta a la realidad tal como ésta es en sí misma"[108]. Por consiguiente, debemos considerar que la verdad se encuentra en la inteligencia, mientras que el bien se halla en la realidad.

Tal como ocurre con la inteligencia, la voluntad es una potencia pasiva. Esto quiere decir que tiene que ser activada. Bajo este supuesto, Leonardo Polo considera que es el "influjo de la intelección añadido a la voluntad (el que) permite que ésta pase a acto. Si no se conoce, no se quiere. Hay una presentación de aquello que despierta la tendencia"[109]. La voluntad se mueve una vez que se le ha presentado el bien para que tienda a él y sin ese 'motor' que la active la voluntad no tiende, porque es potencia pasiva. La

---

107. *Ibid.*, p. 388.
108. Murillo, J. I., *Invitación a la antropología*, pro manuscripto, p. 121.
109. Polo, L., *Antropología trascendental*, p. 392.

activación de la voluntad es distinta de la activación de la inteligencia, puesto que –como dice Murillo– "los actos voluntarios no se desencadenan, sino que deben ser puestos o constituidos"[110]. **Se requiere que la persona constituya los actos voluntarios. La voluntad necesita del respaldo de la persona para poder querer.**

Leonardo Polo explica que la voluntad es superior a la inteligencia. Esto es así porque –según explica Sellés– la voluntad "está más cercana o vinculada a la persona que la razón"[111]. Dicho de manera sencilla, la voluntad requiere más presencia de la persona para querer que la inteligencia para conocer, porque la voluntad necesita de mayor activación, ya que no es cognoscitiva y requiere ser iluminada para poder querer; mientras que la inteligencia requiere menos refuerzo de la persona porque de lo contrario el conocimiento pasaría a ser subjetivo. Por esta razón concluye el profesor Sellés que, para que la voluntad ejerza sus actos, es necesario, "además de conocerlos, reforzar su querer, ya que de sus actos –no de los de la razón– es responsable la persona. Y si activase a la razón como a la voluntad, constituiría los actos de la razón, pero entonces los haría depender de la persona y la razón tendería a conocer no como es el conocer de la razón, sino según la persona desease que fuese, con lo cual tendería asimismo a subjetivizar la verdad"[112].

Antes de proseguir, cabe destacar que de la misma manera que ocurre con la inteligencia, al describir la voluntad como 'potencia pasiva', se establece que esta es susceptible de perfeccionarse, esto es, de adquirir virtudes morales que la perfeccionen intrínseca-

110. Murillo, J. I., *Invitación a la antropología*, pro manuscripto, p. 132.
111. Sellés, J. F., *Teoría de la voluntad. Cómo disipar su oscuridad según Leonardo Polo*, Eunsa, Pamplona, 2021, p. 271.
112. *Ibid.*, p. 263.

mente. Dicho de otra manera, la voluntad se perfecciona adquiriendo virtudes morales: esa es su ventaja que tiene por ser una potencia pasiva.

b. La concepción clásica de virtud moral

La descripción clásica de virtud es la que da Aristóteles en la *Ética a Nicómaco*: la virtud es "un modo de ser selectivo, siendo un término medio relativo a nosotros, determinado por la razón y por aquello por lo que decidiría el hombre prudente"[113]. A esta descripción, añade Tomás de Aquino en la *Summa Theologica* que "la virtud humana no importa orden al ser, sino más bien a la operación y, por tanto, la virtud humana es esencialmente un hábito operativo"[114]. A lo que luego agrega que "la virtud humana, que es un hábito operativo, es un hábito bueno y operativo del bien"[115]; porque de no ser operativo hacia el bien sería un vicio, que es el hábito operativo ordenado hacia el mal. De esta manera, podemos simplificar la descripción clásica de virtud, señalando que '**la virtud es un hábito operativo bueno, consistente en un justo medio, relativo a cada uno, tal y como lo determinaría el hombre prudente**'. Teniendo en cuenta esta descripción de virtud, a continuación estudiaremos sus elementos, a saber: 1º. Hábito; 2º. Operativo; 3º. Bueno; 4º. Consistente en un justo medio; 5º. Relativo a cada uno; 6º. Tal y como lo determinaría el hombre prudente.

1º. Hábito. Lo primero que debemos afirmar es que la virtud es un hábito, que para Aristóteles consiste en "una disposición según la cual está bien o mal dispuesto lo que está dispuesto, y lo está o por sí mismo o en orden a otro"[116]. En este caso es la voluntad,

113. Aristóteles, *Ética a Nicómaco*, II, 6, 1106b.
114. Tomás de Aquino, *Summa Theologica*, I-II, q. 55, a. 2.
115. *Ibid.*, I-II, q. 55, a. 3.
116. Aristóteles, *Metafísica*, V, 20, 1022b.

porque **la virtud es una perfección suya, que se dispone hacia el acto virtuoso.** Una persona puntual se encuentra dispuesta a comportarse de manera puntual y una persona ordenada a ejecutar actos de orden. Es lo mismo que indica Tomás de Aquino al considerar que "los hábitos son cualidades o formas inherentes a la potencia que la inclinan a determinados actos específicos"[117]. El acto especifico al que se inclina la voluntad es al acto propio de la virtud. Por esta razón, se puede señalar que **la virtud moral es algo que uno tiene integrado**, es –como sostiene Leonardo Polo– el "crecimiento en el orden de la capacidad"[118]. A esto hay que añadir que no es la perfección externa de la potencia, sino que, como declara Polo, es "un cambio, no del estado del sistema, sino del sistema"[119]. **Es la misma voluntad la que intrínsecamente se perfecciona al adquirir virtudes morales.** Así lo sintetiza Antonio Millán Puelles: "una vez que tales hábitos se adquieren y que se encuentran, por tanto, firmemente enraizados en su potencia, ésta se halla provista de una como espontaneidad adquirida –valga la expresión– para hacer los actos virtuosos, y de ahí que estos actos así hechos se verifiquen con facilidad y con deleite, o sea, como con una cierta naturalidad o connaturalidad, que antes no tenían"[120]. Aunque es relevante aclarar que la virtud no determina el actuar, no nos hace perder la libertad en nuestro obrar, porque –como dice Aristóteles– "en cuanto a las virtudes y vicios se dice no que nos mueven, sino que nos disponen de cierta manera"[121]. Como veremos más adelante, la virtud hace libre la voluntad, no la predispone en su actuar.

117. Tomás de Aquino, *Summa Theologica*, I-II, q. 54, a. 1.
118. Polo, L., *Presente y futuro del hombre*, p. 384.
119. Polo, L., *Lecciones de ética*, p. 119.
120. Millán Puelles, A., *La formación de la personalidad humana*, p. 182.
121. Aristóteles, *Ética a Nicómaco*, II, 5, 1106a.

Por lo dicho, los clásicos consideran **la virtud como una segunda naturaleza, puesto que la voluntad se inclina al acto virtuoso.** Como sostiene Tomás de Aquino, "se determinan al mismo objeto por el propio moviente, y se afirma en ellas una inclinación determinada hacia aquel objeto, de tal manera que esa disposición sobreañadida (*dispositio superinducta*) es como una cierta forma, al modo de la naturaleza (*per modum naturae*), que tiende a una sola cosa. Y por esto se dice que la costumbre es una segunda naturaleza (*consuetudo est altera natura*)"[122]. O dicho de otra forma: al adquirir la virtud, ese acto virtuoso que antes se realizaba con esfuerzo, se realizará de manera espontánea y fácilmente, incluso con deleite; porque –como advierte Leonardo Polo– la virtud es una disposición estable en la voluntad: "la virtud es una disposición estable, queda incorporada"[123]. Esta vendría a ser la 'segunda naturaleza'.

2º. Operativo. A lo anterior, hay que añadir que la virtud es un hábito 'operativo', puesto que –como decíamos más arriba– **es una perfección de la operación y no del ser de quien la adquiere.** Aunque coloquialmente decimos que Juan es ordenado, lo correcto –al menos filosóficamente hablando– es decir que Juan ha adquirido la virtud del orden. La perfección habitual es de la operación de la potencia –está en el cómo somos–, no en el ser –no se encuentra en el quién somos–.

Esto también tiene relación con el hecho de que, para poder adquirir las virtudes morales, primero hay que ejecutar actos conformes a la virtud. Así lo expresa Aristóteles: "adquirimos las virtudes como resultado de actividades anteriores. Y éste es el caso de las demás artes, pues lo que hay que hacer después de haber aprendido, lo aprendemos haciéndolo. Así nos hacemos constructores

---

122. Tomás de Aquino, *De virtutibus in communi*, a. 9.
123. Polo, L., *La esencia del hombre*, p. 52.

construyendo casas, y citaristas tocando la cítara. De un modo semejante, practicando la justicia nos hacemos justos; practicando la moderación, moderados, y practicando la virilidad, viriles"[124]. Es decir, para poder adquirir la virtud del orden, lo primero es poder ejecutar actos de orden. Así lo señala Tomás de Aquino, comentando a Aristóteles: "si actuamos muchas veces conforme a la razón se imprime en la potencia apetitiva la forma de la razón. Esa impresión no es sino la virtud moral"[125]. A lo que añade a continuación: **"obrando según la virtud recibimos las virtudes, como acontece en las artes operativas en las que los hombres, haciendo, aprenden lo que corresponderá hacer después que lo hayan aprendido"**[126]. Y esto genera un círculo 'virtuoso', porque –como señala Leonardo Polo– "la acción del hombre se queda en él e incrementa su poder de ejercer acciones; lo cual quiere decir que en adelante podrá ejercer acciones más altas"[127]. Es decir, **al ejercer actos conformes a la virtud podremos adquirir las virtudes humanas, las que, a su vez, nos harán capaces de más actos conformes a ellas.** De ello que Polo concluya que "hay un rendimiento operativo de la virtud: los actos engendran virtudes y las virtudes hacen posible nuevos actos"[128].

Lo anterior hace referencia al antiguo adagio que dice que '*lo que hay que hacer sabiendo, hay que aprenderlo haciendo*'. Esto quiere decir que para poder andar en bicicleta no es necesario tener una clase teórica de la bicicleta, aunque de algo podría ayudar, sino que hay que lanzarse a andar en bicicleta. Lo mismo ocurre con los

---

124. ARISTÓTELES, *Ética a Nicómaco*, II, 1, 1103a.
125. TOMÁS DE AQUINO, *Comentario a la Ética a Nicómaco de Aristóteles*, lib. II, lect. 1, n. 155.
126. *Ibid.*, lib. II, lect. 1, n. 156.
127. POLO, L., *La esencia del hombre*, p. 311.
128. POLO, L., *La originalidad de la concepción cristiana de la existencia*, en *Obras Completas*, Serie A, vol. XIII, Eunsa, Pamplona, 2015, p. 241.

que aprenden a conducir un automóvil: la teoría del embrague, de cómo pasar los cambios de marcha, la mejor forma de señalizar y todo ese largo etcétera que hacen a alguien un buen conductor, se aprenden realmente cuando nos lanzamos a manejar.

Por lo recién indicado Leonardo Polo considera que "del actuar humano se sigue un resultado exterior, pero también un resultado interior, es decir, una modificación de su propia naturaleza, a la que se llama virtud"[129]. Además, hay que agregar que lo más importante del actuar humano es lo que ocurre en su interior. Por esta razón agrega Polo que "lo que hay de valor en la acción no es sólo el resultado, sino también lo que le pasa al sujeto... El hombre no es sólo responsable de lo que tiene entre manos, sino también de sí mismo en cuanto que adquiere virtudes y vicios"[130].

3º. Bueno. Junto con lo señalado hasta ahora, cabe añadir que **el hábito operativo, para que sea virtud, debe ser bueno, esto es, debe obrar conforme al bien.** De lo contrario, no estaríamos adquiriendo virtudes sino vicios. De esta forma lo sintetiza el Aquinate: "distinguen específicamente el hábito bueno y el hábito malo, pues es hábito bueno el que dispone para el acto conveniente a la naturaleza del sujeto agente, mientras que es hábito malo el que dispone para el acto no conveniente a esa naturaleza, como los actos de las virtudes convienen a la naturaleza humana, por ser conformes a la razón, mientras que los actos de los vicios, por ser contrarios a la razón, se oponen a la naturaleza humana"[131].

Por lo anterior se dice que **la virtud perfecciona al 'hombre en cuanto hombre', porque lo hace obrar más humanamente, obrar conforme a su fin.** En palabras de Tomás de Aquino: **"la virtud humana es un hábito que perfecciona al hombre para**

---

129. *Ibid.*, p. 263.
130. POLO, L., *Lecciones de ética*, p. 124.
131. TOMÁS DE AQUINO, *Summa Theologica*, I-II, q. 54, a. 3.

obrar bien"[132]. Esto quiere decir que la virtud perfecciona la voluntad en orden a su propio fin, que es el bien. Y para esto, el ser humano debe ser libre en su obrar, debe elegir su actuar, puesto que –como observa el Aquinate– "de entre las acciones que el hombre realiza, sólo pueden considerarse propiamente humanas aquellas que son propias del hombre en cuanto que es hombre. El hombre se diferencia de las criaturas irracionales en que es dueño de sus actos"[133]. Aquí nos hacemos cargo de un elemento que entregó Aristóteles –y que está ausente en nuestra enumeración– al describir la virtud como un hábito 'selectivo' o 'electivo'.

4º. Consistente en un justo medio. La filosofía clásica considera que **la virtud moral consiste en un justo medio, indicando que en cada extremo de la virtud hay un vicio: uno por exceso y otro por defecto**. Esto no quiere decir que el término medio de la virtud signifique mediocridad o 'ser ordenado, pero no tan ordenado', sino que se refiere a que entre la virtud (el orden) existen dos vicios, uno en cada extremo: por defecto (desorden) o por exceso (manía). Al respecto Aristóteles señala que "hemos de observar que está en la naturaleza de tales cosas el destruirse por defecto o por exceso… Así sucede también con la moderación, virilidad y demás virtudes: pues el que huye de todo y tiene miedo y no resiste nada se vuelve cobarde; el que no teme absolutamente a nada y se lanza a todos los peligros, temerario; asimismo, el que disfruta de

132. *Ibid.*, I-II, q. 58, a. 3.
133. *Ibid.*, I-II, q. 1, a. 1. Esta cita continúa de la siguiente manera: "… Por eso, sólo aquellas acciones de las que el hombre es dueño pueden llamarse propiamente humanas. El hombre es dueño de sus actos mediante la razón y la voluntad; así, se define el libre albedrío como facultad de la voluntad de la razón. Llamamos, por tanto, acciones propiamente humanas a las que proceden de una voluntad deliberada. Las demás acciones que se atribuyen al hombre pueden llamarse del hombre, pero no propiamente humanas, pues no pertenecen al hombre en cuanto que es hombre". *Ibid.*

todos los placeres y no se abstiene de ninguno, se hace licencioso, y el que los evita todos como los rústicos, una persona insensible. Así pues, la moderación y la virilidad se destruyen por el exceso y por el defecto, pero se conservan por el término medio"[134].

5º. Relativo a cada uno. **La virtud moral es la perfección adquirida en la voluntad de una persona, única e irrepetible.** Por este motivo Tomás de Aquino señaló que "cada una de ellas se realiza de múltiples formas y no de la misma manera en todos"[135]. Es decir, **cada persona, única e irrepetible, manifiesta las diversas virtudes de manera personalizada. Esto lo advierte Aristóteles al decir que el justo medio es relativo a cada uno:** "no ha de tomarse de la misma manera, pues si para uno es mucho comer diez minas de alimentos, y poco comer dos, el entrenador no prescribirá seis minas, pues probablemente esa cantidad será mucho o poco para el que ha de tomarla: para Milón, poco; para el que se inicia en los ejercicios corporales, mucho. Así pues, todo conocedor evita el exceso y el defecto, y busca el término medio y lo prefiere; pero no el término medio de la cosa, sino el relativo a nosotros"[136]. El orden de un niño de siete años no es el mismo de un universitario; el de un médico no es igual al de un arquitecto; así hay que considerar distintas características: el número de hermanos, las diversas situaciones y experiencias de vida, los padres, los amigos, la novia, etc. *Cada quién* es *cada quién* y posee su *cadaunadas.* **No hay dos personas iguales y, por consiguiente, no hay dos manifestaciones del orden igual. Lo mismo ocurre con todas las virtudes morales.**

Sin embargo, cabe advertir que el justo medio de la virtud para cada quién no se establece de manera caprichosa o antojadiza. **La**

134. ARISTÓTELES, *Ética a Nicómaco*, II, 2, 1104a.
135. TOMÁS DE AQUINO, *De virtutibus in communi*, a. 6.
136. ARISTÓTELES, *Ética a Nicómaco*, II, 6, 1106b.

virtud exige cierta objetividad: los actos del orden son unos y no otros, aunque pueden ser ejecutados de distintas formas por distintas personas. A nadie se le ocurriría decir que una persona que frecuentemente llega tarde a sus compromisos es 'puntual' relativo a sí mismo.

6º. Tal y como lo determinaría el hombre prudente. Finalmente, es importante tener en cuenta que **la determinación del justo medio para cada persona –eso que requiere cierta objetividad, como afirmamos recién– tiene que ser determinado de manera razonable: es la recta razón la que establece este justo medio.** Esto quiere decir que la virtud moral debe ser determinada por la razón –que busca la verdad, consistente en la adecuación a la realidad–, y no es antojadiza. Esta es la objetividad que exigen los actos virtuosos: la adecuación a la realidad. Por este motivo, afirma Tomás de Aquino que "resulta claro que el bien de la virtud moral consiste en la adecuación a la medida de la razón"[137].

Esta 'adecuación a la medida de la razón' no es otra cosa que la virtud de la prudencia que, como dice el Aquinate, es la virtud "que perfecciona a la razón"[138]. Por este motivo, la prudencia es descrita tradicionalmente como 'la recta razón del obrar'; lo quiere decir que la prudencia consiste en la rectificación o corrección de la razón práctica. Por esto Aristóteles considera que "la prudencia es un modo de ser racional verdadero y práctico, respecto de lo que es bueno y malo para el hombre"[139]; y, por tanto, "parece propio del hombre prudente el ser capaz de deliberar rectamente sobre lo que es bueno y conveniente para sí mismo"[140]. Por lo di-

---

137. Tomás de Aquino, *Summa Theologica*, I-II, q. 64, a. 1.
138. *Ibid.*, I-II, q. 66, a. 1.
139. Aristóteles, *Ética a Nicómaco*, VI, 5, 1140b.
140. *Ibid.*, VI, 5, 1140a.

cho, Tomás de Aquino sentencia que **"toda virtud moral debe ser prudente"**[141]. En esta afirmación se basa Joseph Pieper –buen conocedor de la filosofía tomista–, para afirmar que **"la virtud de la prudencia es la «madre» y el fundamento de las restantes virtudes cardinales"**[142]. Este elemento también incluye la 'selectividad' a la que hace referencia Aristóteles al describir la virtud, puesto que el hombre prudente es aquel que determina la recta razón del obrar humano, y el obrar humano necesariamente es libre, es electivo –o selectivo–.

c. Algunas características de las virtudes morales

La virtud es armónica. Como las virtudes morales son perfecciones de la voluntad y esta tiene como fin último el bien, necesariamente las virtudes tienen que ser armónicas entre ellas, tienen que estar interconectadas. Aristóteles considera que las virtudes morales están interconexas, ya que no es posible tener una de ellas sin tener las demás[143]. Del mismo parecer es Tomás de Aquino,

141. TOMÁS DE AQUINO, *De virtutibus in communi*, q. 12. "No puede darse virtud moral alguna sin la prudencia, porque la virtud moral es un hábito electivo, es decir, que hace buena la elección". *Summa Theologica*, I-II, q. 58, a. 4. "El arte de bien vivir conviene esencialmente a la prudencia, y, por participación, a las demás virtudes, en cuanto dirigidas por la prudencia". *Ibid.*, q. 58, a. 2 ad. 1.

142. PIEPER, J., *Las virtudes fundamentales*, 11ª edición, Rialp, Madrid, 2017, p. 22.

143. "No es posible ser bueno en sentido estricto sin prudencia, ni prudente sin virtud moral. Esta circunstancia refutaría el argumento dialéctico según el cual las virtudes son separables unas de otras, pues la misma persona puede no estar dotada por naturaleza de todas las virtudes, y así puede haber adquirido ya algunas, pero otras todavía no. Esto, con respecto a las virtudes naturales, es posible, pero no en relación con aquellas por las que un hombre es llamado bueno en sentido absoluto, pues cuando existe la prudencia todas

quien indica que, como la virtud moral es un hábito que inclina a realizar el bien, las virtudes tienen que estar conectadas[144]. Incluso, citando a san Gregorio, Tomás de Aquino afirma que las virtudes, "si están disociadas, no pueden ser perfectas, según la razón de virtud, porque ni la prudencia es verdadera si no es justa, templada y fuerte; y lo mismo dice a continuación de las demás virtudes"[145]. De este mismo parecer es Leonardo Polo, para quien las virtudes se encuentran tan estrechamente vinculadas que llega a sostener que "más que un elenco de virtudes, son el crecimiento de una virtud átoma"[146]. De esta manera, **la adquisición de una virtud favorece la adquisición de las demás y, por el contrario, la pérdida de una de ellas afecta a todas las demás**.

Podemos separar académicamente las virtudes morales, para comprenderlas mejor, pero al momento de vivirlas o educarlas no se puede proceder como si fueran compartimentos estancos. **Si la voluntad tiene un único fin último y las virtudes son la perfección de la voluntad, en rigor, no puede haber adquisición de ninguna virtud moral de manera aislada, independiente de las demás virtudes: porque todas apuntan a lo mismo, al bien.** Por este motivo Carlos Cardona concluye que las virtudes morales, "para ser tales, han de estar armónicamente ordenadas al fin del hombre, de la persona, han de

---

las otras virtudes están presentes. Y es claro que, aun cuando no fuera práctica, sería necesaria, porque es la virtud de esta parte del alma, y porque no puede haber recta intención sin prudencia ni virtud, ya que la una determina el fin y la otra hace realizar las acciones que conducen al fin". ARISTÓTELES, *Ética a Nicómaco*, VI, 13, 1144b.

144. "La virtud moral perfecta es un hábito que inclina a realizar bien las obras buenas. Y entendiendo así las virtudes morales, hay que decir que están conexas". TOMÁS DE AQUINO, *Summa Theologica*, I-II, q. 65, a. 1.

145. *Ibid.*

146. POLO, L., *Antropología trascendental*, p. 398. "La virtud es átoma y, por eso, la pérdida de una afecta a todas". *Ibid.*, p. 455.

estar integradas entre sí y dirigidas al bien"[147]. En sintonía con lo indicado, Leonardo Polo considera que "por más que se pueda señalar una jerarquía entre las virtudes morales, ninguna de ellas es posible sin las otras. Ello implica una peculiar circularidad, que se debe a su carácter potencial"[148]. Por esta razón considera Javier Pérez Guerrero que "las virtudes éticas forman un complejo sistémico. Al mejorar una se mejora todo el sistema virtuoso, y al mejorar el sistema se mejoran todas las virtudes, incluida la inicialmente mejorada. Se da así una circularidad virtuosa en su dinamismo"[149].

La virtud es un medio para obrar el bien. Para no despistarse al educar las virtudes morales, conviene tener presente que la virtud es un medio y no un fin en sí mismo. Esto es así porque todos los actos voluntarios –y, por tanto, las virtudes–, son medios para alcanzar lo más alto. Por esta razón, tenemos que estar prevenidos frente a las corrientes filosóficas que procuran alzar la virtud como el fin último del hombre, ya que –como observa Spaemann– "la moralidad no es en sí misma el fin, sino el medio de la vida lograda"[150]. Si bien las virtudes son un medio muy alto, no constituyen el fin último del hombre. Por este motivo advierte Sellés que el que toma las virtudes "como fin las estropea y, en rigor, no las adquiere, porque las virtudes son el crecer de la voluntad en orden al fin último"[151].

En rigor, **la virtud es un medio que permite al ser humano obrar conforme al bien, esto es, es un medio al servicio del amor**. Por esta razón Agustín de Hipona considera que la virtud

147. Cardona, C., *Ética del quehacer educativo*, p. 16.
148. Polo, L., *Antropología trascendental*, p. 458.
149. Pérez Guerrero, J., *Educar mirando a los ojos*, p. 273.
150. Spaemann, R., *Felicidad y benevolencia*, 2ª edición, Rialp, Madrid, 2014, p. 123.
151. Sellés, J. F., *Teoría de la voluntad*, p. 283.

es el orden del amor, da contenido al amor[152]. **La virtud es el don que se ofrece al amado**. Del mismo parecer es Leonardo Polo, quien señala que "las virtudes morales ayudan, son medios al servicio del crecimiento del amor"[153]. Para poder amar necesitamos de las virtudes morales. ¿Cómo podría una madre de familia pasar horas y noches en vela por sus hijos sin la virtud de la fortaleza? ¿Cómo podría un profesor explicar una y otra vez un concepto sin la virtud de la paciencia? ¿Cómo un buen amigo podría aconsejar al que lo necesita sin la virtud de la prudencia? Y así podríamos enumerar un sin fin de obras de amor que, en el fondo, son obras virtuosas. La virtud predispone intrínsecamente al hombre a actuar de acuerdo con el amor, ya que perfecciona la capacidad de querer desde su raíz: perfecciona la voluntad. La virtud sirve para donarse, porque –como dice Leonardo Polo–, "en el hombre el amor reside en sus obras: «obras son amores»"[154].

La adquisición de virtudes hace libre a la voluntad. Como se indicó más arriba, Leonardo Polo considera que la persona –el quién somos– es libertad. Es decir, la libertad no consiste en la capacidad de elegir ni tampoco es una propiedad de la voluntad: el acto de ser personal *es* libertad. Bajo esta premisa, Polo considera que con la adquisición de las virtudes la voluntad *se hace libre*, aumentando su capacidad de actuar[155]. La voluntad, que de entrada es una potencia pasiva, no es libre, ya que se encuentra en estado de naturaleza –el qué somos–. A este respecto, indica

---

152. "El mismo amor que nos hace amar bien lo que debe ser amado, debe ser amado también ordenadamente, a fin de que podamos tener la virtud por la que se vive bien. Por eso me parece una definición breve y verdadera de la virtud: el orden del amor". AGUSTÍN DE HIPONA, *De civitate Dei*, XV, 22.

153. POLO, L., *Antropología trascendental*, p. 368.

154. *Ibid.*, p. 252.

155. "Cuando la voluntad adquiere hábitos se hace libre". POLO, L., *Ética*, p. 269.

Polo que, "si se entiende que la voluntad es una potencia natural, la libertad sólo puede llegar a ella a través de los hábitos, porque de suyo la naturaleza no es libre"[156]. Es decir, **adquiriendo virtudes la voluntad se predispone para realizar ciertos actos con facilidad logrando un ahorro de tiempo y, en definitiva, haciéndonos más libres.** ¡Cuánto tiempo perderíamos –o perdemos– si cada mañana tenemos que debatir con nosotros mismos sobre si nos levantamos a la hora o no! Por esta razón indica Polo que "cuando una persona tiene virtudes entonces es más activa, es decir, mucho más capaz"[157]. Porque las virtudes fortalecen la facultad, esto es, fortalecen su capacidad para realizar los actos de esa virtud adquirida.

Sin perjuicio de lo dicho hasta ahora, ocurre algo muy particular con la virtud moral, ya que, como observa Polo, si bien la virtud predispone para hacer el bien, "sin embargo, como esos hábitos le dan libertad, puede actuar contra los hábitos. Es un poder sorprendente. Los hábitos dotan de la capacidad de ejercer actos posteriores, pero con ellos se introduce la libertad, y la voluntad puede actuar de acuerdo con el hábito o no, porque ya es dueña de sus actos"[158]. Por este motivo se afirma que **la virtud 'hace libre' a la voluntad, ya que es la virtud la que otorga al hombre la posibilidad de elegir respecto de su actuación.** Esta es la fundamentación de porqué la educación en virtudes busca promover la libertad y no restringirla. Así lo expone Ángel González Álvarez: "nada debe la libertad temer de la educación. El hábito no hace que la potencia produzca su acto *por necesidad*; determina que lo ejerza *con facilidad*. Por perfeccionada que esté por el hábito, la potencia conserva el poder de obrar y de no obrar, de obrar en un

---

156. POLO, L., *Antropología trascendental*, 400.
157. POLO, L., *Artículos y conferencias*, p. 371.
158. *Ibid.*, p. 269.

sentido o en otro"[159]. La educación en virtudes procura *liberar* la voluntad del educando.

La virtud puede crecer de manera irrestricta. Antes de adentrarnos en la manera de educar las virtudes morales, conviene detenerse brevemente en algo que se enunció al hablar del crecimiento humano: la virtud puede crecer de manera irrestricta. Como se indicó, el ser humano es un ser creciente, esto quiere decir que nunca alcanza a ser todo lo humano que puede llegar a ser. Esto es así porque siempre que se actúa se puede crecer o decrecer, y el ser humano actúa siempre, no deja jamás de actuar y, por tanto, siempre puede mejorar o empeorar.

Junto con lo anterior, hay que tener presente que **las virtudes morales nunca se adquieren por completo, ya que pueden crecer o decrecer con nuestro actuar.** Por ejemplo, no es lo mismo para una persona que adquirió la virtud de la puntualidad vivirla mientras estaba soltero que cuando este casado, o cuando lleguen los hijos. **Cada momento o circunstancia nos exige ir creciendo en la virtud.** En relación a esto y a la armonía que exigen las virtudes morales, Leonardo Polo hace una propuesta bastante novedosa al considerar que "se ha de sostener que el crecimiento de las virtudes explica tanto su distinción como su carácter sistémico. Con otras palabras, una virtud se 'convierte' en otra atendiendo a la intensificación de la intención de otro de los actos voluntarios con los que se adquiere... La prudencia se 'convierte' en justicia, y la justicia en amistad"[160]. Es decir, Leonardo Polo, al considerar que más que hablar de virtudes hay que hablar de virtud, porque

---

159. González Álvarez, Á., *Filosofía de la educación*, p. 137.
160. Polo, L., *Antropología trascendental*, p. 463. En este sentido Leonardo Polo difiere con Tomás de Aquino, ya que para Polo el orden jerárquico ascendente de las virtudes cardinales sería: templanza, fortaleza, prudencia y justicia; mientras que el Aquinate considera que la prudencia es más alta que la justicia: "entre las virtudes cardinales la primera es la prudencia; la segunda,

la virtud es átoma, propone que las virtudes inferiores van evolucionando, se van elevando, desde la inferior hasta la superior. En esta misma línea señala el profesor Sellés que "las virtudes son el ir *in crescendo* de la voluntad –o que esta potencia se va activando cada vez más con ellas (según su nivel de activación hablamos de una u otra virtud)– hasta su estado más maduro conformado por la amistad"[161].

d. La manera de educar las virtudes morales

Actualmente, muchas de las propuestas que procuran educar el carácter caen en dos errores: unas se dedican solo a educar competencias humanas y otras se enfocan en educar valores en el educando. Sin embargo, la educación del carácter no consiste en educar ni competencias ni valores –tampoco las dos juntas–, sino que consiste en educar virtudes morales; y para educar las virtudes morales se requiere de dos elementos: la manifestación externa, esto es, la habituación a una conducta conforme a la virtud, y la disposición interior de querer-querer hacer el bien, es decir, la contemplación del bien realizado al ejecutar el acto virtuoso. Si no hay armonía entre estos dos elementos no se educan virtudes.

Si solo se educa la manifestación externa, más que virtudes educamos competencias. Por este motivo es importante tener en cuenta que para educar las virtudes no se puede caer en instruir únicamente en los actos externos y promover su repetición, la virtud no es una rutina. Al proponer la adquisición de virtudes como una mera rutina, se olvida la dimensión interior de la virtud moral, que es la más importante. Para educar virtudes,

---

la justicia; la tercera, la fortaleza; la cuarta, la templanza". Tomás de Aquino, *Summa Theologica*, II-II, q. 123, a. 12.

161. Sellés, J. F., *33 virtudes humanas según Leonardo Polo*, Eunsa, Pamplona, 2020, p. 335.

es fundamental entregar un contenido de fondo de por qué y para qué es bueno elegir los actos virtuosos. En este contexto, Francisco Altarejos advierte que no podemos 'mecanizar la acción educativa': "el adiestramiento se especifica en la repetición de movimientos exteriores, que conduce a la fijación de la rutina mecánica. En este caso, toda disposición personal, toda modulación de la rutina por el individuo, es un estorbo para el dinamismo mecánico que se pretende adquirir… La educación reducida a adiestramiento lleva consigo, pues, el *adoctrinamiento*"[162]. De este mismo parecer es Víctor García Hoz quien indica que si se mecanizan los actos, "la educación viene a quedar reducida a un sistema de refuerzos artificiales para adquirir un tipo de conducta en la que, vaciado el hombre de su interioridad, sólo quede lo externo, lo material"[163]. Con un ejemplo nos podemos aclarar. Un colegio donde la exigencia académica es muy alta y se promueven buenos puntajes en las pruebas estandarizadas, naturalmente, logrará estudiantes que sean 'puntuales', 'ordenados', 'comprometidos', 'fuertes', etc. Sin embargo, todas esas competencias son las que debe tener un ladrón, porque si no las tiene, lo descubren, lo atrapan y lo encierran en la cárcel. Pero un ladrón no es virtuoso, por muchas competencias que tenga. El ladrón no persigue el bien.

Al contrario, **si solo nos centramos en la disposición interior, dejando de lado la habituación a la conducta, no educaremos virtudes sino que educaremos simples valores**. Así lo expone Aristóteles: "con respecto a la virtud no basta con conocerla, sino que hemos de procurar tenerla y practicarla"[164]. La virtud se debe materializar en actos virtuosos, es decir, no basta con conocerla teóricamente, sino que tiene que practicarse. Dicho de

162. Altarejos, F., *Educación y felicidad*, p. 103.
163. García Hoz, V., *La educación y sus máscaras*, p. 31.
164. Aristóteles, *Ética a Nicómaco*, X, 9, 1179b.

otra forma, no podemos transformar la educación del carácter en transmitir un contenido intelectual sobre el bien. La virtud debe vivirse materialmente o no es virtud. Un ejemplo puede ayudarnos a comprenderlo mejor. Un colegio puede pasarse años hablando sobre el valor de la familia, de cómo la familia es importante, como se debe cuidar, etc. Pero sin virtudes morales –templanza, fortaleza, etc.– no se puede formar una buena familia, porque a la primera oportunidad uno de los esposos podría engañar al otro cuando sus emociones se lo sugieran.

Por lo indicado debemos tener presente que la educación del carácter –de las virtudes morales– requiere una doble dimensión: la repetición de actos conforme a la virtud y la disposición interior del educando de querer hacer el bien. **La repetición de actos conformes a la virtud consiste en habituar al educando a cierta manera de actuar. Esta habituación no requiere necesariamente de la dimensión racional del hombre.** Es a lo que se llama comúnmente 'acostumbramiento'. A esto se refiere Aristóteles al observar que "lo que hay que hacer después de haber aprendido, lo aprendemos haciéndolo. Así nos hacemos constructores construyendo casas, y citaristas tocando la cítara. De un modo semejante, practicando la justicia nos hacemos justos; practicando la moderación, moderados, y practicando la virilidad, viriles"[165]. Es decir, para adquirir la virtud moral, primero –en orden cronológico, no de importancia–, hay que habituarse a actuar conforme a la virtud. Por otro lado, **la disposición interior consiste en los**

---

165. *Ibid.*, II, 1, 1103a. También señala el Estagirita que la virtud ética "procede de la costumbre, como lo indica el nombre que varía ligeramente del de «costumbre». De este hecho resulta claro que ninguna de las virtudes éticas se produce en nosotros por naturaleza, puesto que ninguna cosa que existe por naturaleza se modifica por costumbre… las virtudes no se produzcan ni por naturaleza ni contra naturaleza, sino que nuestro natural pueda recibirlas y perfeccionarlas mediante la costumbre". *Ibid.*

fundamentos últimos de la persona para actuar conforme al bien, es el refuerzo de la *persona* sobre sus actos voluntarios. Porque la persona tiene que *quererse-queriendo* hacer el bien. A esto se refiere el profesor Juan Escámez cuando señala que "la formación moral, pedagógicamente hablando, consistirá en generar disposiciones en el sujeto para la realización de lo positivamente valioso"[166]. Esta disposición interior se forma por medio de la dimensión intelectual del educando, porque como advierte Millán Puelles, "el hombre necesita un asidero, un apoyo o justificación racional de su conducta"[167]. Esto es así porque –según sugiere MacIntyre– "el agente moral educado debe por supuesto saber lo que está haciendo cuando juzga o actúa virtuosamente. Por lo tanto hace lo virtuoso *porque* es virtuoso. Este hecho distingue el ejercicio de las virtudes del ejercicio de ciertas cualidades que no son virtudes, sino más bien simulacros de virtudes... El agente auténticamente virtuoso actúa sobre la base de un juicio verdadero y racional"[168]. Es cada persona la que debe *querer-querer* hacer el bien, fundamentado en el conocimiento. La forma que el educando alcanza la disposición interior la expone Agustín de Hipona al indicar que cuando el maestro ha explicado al discípulo lo que pretende que este aprenda, será este quien considerará consigo mismo aquello que se les ha transmitido, reconociendo y contemplando esa verdad transmitida: haciéndola propia[169]. Esta verdad,

---

166. Escámez, J., *La formación de hábitos como objetivos educativos*, p. 202.
167. Millán Puelles, A., *La formación de la personalidad humana*, p. 186.
168. MacIntyre, A., *Tras la virtud*, p. 189.
169. "Cuando han explicado con palabras todas las disciplinas que ellos declaran enseñar, y la de la propia virtud y la sabiduría, entonces esos a los que se llama «discípulos» consideran consigo mismos, esto es, contemplando, en la medida de sus fuerzas, aquella verdad, si se han dicho cosas verdaderas. Es entonces cuando aprenden". Agustín de Hipona, *De magistro*, N. 45.

en el caso de la formación de las virtudes morales, consiste en la bondad del acto moralmente virtuoso. Como diría Carlos Cardona: "se trata de hacer ver al educando precisamente eso, el porqué de la bondad o de la maldad ética de un acto determinado"[170]. Dicho de otra manera: **se pretende que cada educando haga propio el motivo de actuar conforme al bien y lo quiera.**

e. La importancia de la humildad en la educación de las virtudes[171]

Desde la filosofía de Leonardo Polo, la humildad adquiere un relieve distinto a como ha sido tratada tradicionalmente. Y si bien a lo largo de su obra no son muchas las oportunidades donde hace alusión a esta virtud de la humildad, cuando se refiere a ella, le da una importancia fundamental, llegando incluso a sostener que la humildad es la base o el cimiento donde se construyen todas las demás virtudes: "la *humildad*, virtud sin la cual las demás no lo son, como dijo Cervantes"[172]. Por ende, para Polo, **sin humildad no puede haber educación del carácter, ya que no podría haber adquisición de virtudes morales.**

Leonardo Polo describe la humildad como 'andar en verdad'[173], considerando en esta afirmación la verdad más radical del hombre: conocerse personalmente de cara al Creador. Por este motivo Sellés dice que la humildad es conocerse frente a Dios[174]. Así, Polo sostiene que **la humildad nace en el hombre cuando este se acepta**

---

170. CARDONA, C., *Ética del quehacer educativo*, p. 27.

171. Esta sección se encuentra publicada en LEÓN-PARODI, J., *Fundamentación antropológica de la educación desde la filosofía de Leonardo Polo*. Sin embargo, para dar coherencia al texto, se añaden algunos cambios.

172. POLO, L., *Epistemología, creación y divinidad*, p. 301.

173. "La humildad no es sentirse incapaz, sino andar en la verdad". *Ibid.*, p. 126.

174. Cfr. SELLÉS, J. F., "El hábito de sabiduría según Leonardo Polo", *Studia Poliana*, N° 3, 2001, p. 102.

como quien es: como *persona* que depende totalmente de su Creador –de Dios–, porque todo lo ha recibido gratuitamente de Él. De esta manera, el hombre, desde su intimidad, se da cuenta que como "criatura no añade nada a Dios, y en este sentido sí puede decirse que la criatura es nada, pero esto es más bien un sentido ontológico de la nada; es caer en la cuenta de que la criatura no añade nada a Dios, o sea que no hay más que Dios"[175]. Esta es la realidad de la que consta la virtud de la humildad: reconocer que el hombre no es nada por sí mismo y que depende totalmente de su Creador[176]. Sin perjuicio de lo señalado, la humildad no quiere decir que el hombre viva inseguro por la vida, ya que "la humildad no es sentirse incapaz, sino andar en la verdad"[177].

Teniendo en cuenta esta descripción poliana de la humildad, cabe preguntarse si esta virtud es igual a las demás, en el sentido de que las virtudes morales corresponden a una perfección de la voluntad y se arraigan en ella. A este respecto, se puede inferir del pensamiento de Leonardo Polo que la humildad no se sitúa en la voluntad como las demás virtudes morales, sino que pertenece al *acto de ser personal*. De esta misma opinión es Juan Fernando Sellés, quien sostiene que, por sus características, la humildad "parece denotar que radica en el plano trascendental o del acto de ser personal humano"[178]. Esto se puede fundamentar atendiendo a la descripción que Polo hace de esta virtud, ya que, para adquirir la humildad, previamente, el hombre debe conocer a Dios como su Creador, tarea que corresponde al *conocer personal*. Sumado a esto,

---

175. Polo, L., *Persona y libertad*, p. 45.
176. "Al aceptarse uno como es –como persona– se da cuenta de que depende de Dios –todo lo ha recibido de Él–. De ahí nace la humildad, que no es una virtud griega. Además, antes que una virtud, es una aceptación del propio ser". Polo, L., *Epistemología, creación y divinidad*, p. 201.
177. *Ibid.*, p. 126.
178. Sellés, J. F., *33 virtudes humanas según Leonardo Polo*, p. 22.

en otra oportunidad, Leonardo Polo afirma que "la humildad tiene que ver también con el *amor personal*, el cual, recordemos, es superior al *yo*, que es la cima de la *esencia* humana: la *sindéresis*"[179]. Es decir, si la humildad tiene que ver directamente con el *conocer personal* y con el *amar donal personal* –que son superiores la voluntad–, es consistente sostener que esta virtud debe radicarse en el *acto de ser personal* del hombre y no en su esencia. A este respecto, concluye Sellés que, en la humildad, "es claro que ni ese conocerse es propio de la razón –pues la persona es superior a su razón–, ni esa actitud de aceptación es propia de la voluntad –porque aceptar es amar, es decir, dar aceptación, sobrar–, mientras que lo propio de la voluntad es querer aquello de lo que esta potencia carece. En rigor, la humildad radica en el núcleo personal, no en las facultades humanas superiores"[180].

Sumado a lo anterior, Leonardo Polo considera que la humildad –a diferencia de las virtudes morales– no tiene un justo medio, "la humildad carece de punto medio: nunca se es suficientemente humilde"[181]. Este es otro argumento para considerar que la humildad es una virtud que no radica en la voluntad del hombre sino que en su *acto de ser personal*, ya que "el justo medio es intrínseco a las virtudes de la voluntad"[182]. Entonces, si la humildad no tiene justo medio, no es una virtud moral propiamente tal; y por tanto, no radica en la voluntad. Finalmente, hay que considerar que, si la humildad es el fundamento de todas las virtudes morales –porque no se pueden adquirir virtudes sin ser humilde–, y las virtudes radican en la voluntad, se debe suponer, como afirma

---

179. POLO, L., *Epistemología, creación y divinidad*, p. 301.

180. SELLÉS, J. F., *Antropología de la intimidad*, p. 354.

181. POLO, L., *Epistemología, creación y divinidad*, p. 201. "Dice Maimónides: '¿Cuál es el punto medio de la humildad? No existe, porque nunca se es suficientemente humilde'". POLO, L., *Artículos y conferencias*, p. 204.

182. POLO, L., *Antropología trascendental*, p. 460.

Sellés, que "su fundamento debe ser superior a esta potencia"[183]. El fundamento –la humildad– debe estar por encima de lo fundado –las virtudes–. Por ello, mientras que las virtudes se alojan en la voluntad, la humildad debe radicarse en el *acto de ser personal*. Como se ha dicho, conviene subrayar que, aunque Leonardo Polo no trató extensamente esta virtud, si le da una importancia relevante. En este sentido afirma que "virtudes muy relevantes son la pobreza, la obediencia y la humildad. La pobreza del alma es la virtud que manifiesta el jugar por mor de los bienes; la obediencia manifiesta el crecimiento voluntario por mor del bien trascendental; y la humildad ilumina que el poder voluntario tiene tope y que sólo así es posible la intersubjetividad"[184]. Es natural que Polo relacione estas tres virtudes, ya que el desprendimiento de los bienes materiales[185] facilita la adquisición a la humildad y la obediencia es consecuencia de la misma. También, en otra oportunidad sostiene que "la libertad creada sólo se desarrolla normalmente en un régimen interno de humildad y de obediencia; sin obediencia la libertad personal humana no es fiel a su Creador, y carece de la coherencia que le es propia"[186]. Es decir, la humildad –y la obediencia– es fundamental para poder desarrollar, perfeccionar y hacer crecer a la *persona*. Por lo tanto, sin humildad no hay crecimiento a nivel *personal*, ni a nivel *esencial*. De ahí que se pueda concluir con Juan Fernando Sellés que "lo que más aleja al hombre del ser

183. Sellés, J. F., *33 virtudes humanas según Leonardo Polo*, p. 24.
184. Polo, L., *Antropología trascendental*, p. 526, nota 312.
185. Aristóteles también da importancia a no tener exceso de bienes: "Los bienes exteriores tienen un límite, como cualquier instrumento (todo lo que es útil sirve para una cosa determinada); y su exceso, necesariamente, o perjudica, o no sirve de nada a los que los poseen; en cambio, cada uno de los bienes relativos al alma, cuanto más abundan, más útiles son, si hemos de atribuirles no sólo la belleza, sino también la utilidad". Aristóteles, *Política*, VII, 1323b.
186. Polo, L., *Epistemología, creación y divinidad*, p. 225.

divino es la soberbia, la cual no es un vicio de la voluntad, sino del acto de ser personal"[187].

Finalmente, corresponde hacer referencia a cómo alcanzar esta virtud. Si bien Leonardo Polo no dice de manera explícita cómo lograrlo, se pueden desprender de su pensamiento algunas actitudes que facilitan la adquisición de la humildad. Respecto de la virtud de la pobreza o del desprendimiento Polo afirma que la afectividad debe educarse en la casa por los padres, procurando que en ella los hijos no tengan sobreabundancia de bienes materiales[188]. En la misma línea afirma Robert Spaemann que "cierto grado de abundancia no es bueno para los hombres, porque los ciega para apreciar el valor de las cosas"[189]. Para lograr una buena educación afectiva hay que tener materialmente solo lo necesario –no poseer cosas materiales en sobreabundancia–, porque si los hijos tienen siempre lo que quieren al alcance de la mano, se apartan de la realidad fundamental: el hombre no depende de sí mismo, sino que depende de su Creador. Consecuentemente, la virtud de la pobreza o del desprendimiento y la virtud de la sobriedad facilitarán poder mirar hacia lo importante y así adquirir la humildad al reconocerse cada hombre como dependiente de Dios. Este es el motivo de que –según indican Menchén y Melendo– sea necesario "vivir austeramente –sin someterse a las exigencias de la materia– y luchar por desarrollar y enriquecer lo más noble y elevado que existe en nosotros: la vida del espíritu"[190].

---

187. SELLÉS, J. F., *33 virtudes humanas según Leonardo Polo*, p. 27.
188. "La afectividad debe ser educada, ante todo, por la familia. Si los padres no son insensatos, procurarán matizar la afectividad de sus hijos evitando que por la abundancia de bienes materiales la de los hijos llegue al estragamiento". POLO, L., *Epistemología, creación y divinidad*, p. 128.
189. SPAEMANN, R., *Ética: Cuestiones fundamentales*, p. 114.
190. MENCHÉN, B. y MELENDO, T., *Quiénes son nuestros hijos y qué esperan de nosotros. Curso de Antropología Infantil: «Para educar con hondura»*, Ediciones Internacionales Universitarias, Madrid, 2013, p. 124.

Por otro lado, también sugiere Leonardo Polo que el contacto con el dolor facilita adquirir la virtud de la humildad. Dicho con sus palabras: "el yo doliente destaca que el yo es un centro de gran interés; por eso el dolor es un ingrediente de la vida humana que despierta al hombre hacia su intimidad y le saca de la superficialidad. El dolor no anega al hombre en su propio sinsentido, sino que aviva el interés por su sentido personal, precisamente porque lo amenaza gravemente"[191]. Por tanto, el contacto con cualquier tipo de dolor o carencia material lleva al hombre a sentirse necesitado, es decir, a darse cuenta que depende en último término totalmente de Dios. En la misma línea, conviene tener presente que se debe evitar el 'exitismo': personas que siempre consiguen todo lo que quieren, que todo lo que hacen lo hacen bien. Los llamados 'Yupis'. El exitismo lleva rápidamente a la autosuficiencia –si alguien hace todo bien y tiene éxito por sí mismo, no necesita a nadie que lo asista–, y la autosuficiencia es contraria a la humildad. A este respecto señalan Yepes y Aranguren que "la experiencia demuestra que tener éxito siempre no es posible (ni parece conveniente). Quien triunfa demasiado, o demasiado pronto, tiene el riesgo de confiar en sus fuerzas más de la cuenta y alejarse de la realidad"[192]. La realidad es que el hombre es una criatura, y que todo lo debe a su Creador. Por esto corresponde afirmar con Polo que la autosuficiencia y la soberbia son contrarias a la virtud de la humildad[193].

---

191. Polo, L., *Epistemología, creación y divinidad*, p. 266.
192. Yepes, R. y Aranguren, J., *Fundamentos de Antropología*, p. 329.
193. "Otra cosa es el no querer recibir nada de nadie, ni el propio ser: la falta de agradecimiento: 'haz un favor y te ganarás un enemigo'. Es el hombre que se quiere hacer a sí mismo (liberalismo). Una autosuficiencia que considera lesivo el favor. No quiero deber nada a nadie. Así se destruye la sociedad. Es la soledad". Polo, L., *Artículos y conferencias*, p. 204.

f. La virtud de la amistad como culmen de las virtudes morales

Más arriba, al considerar el carácter irrestricto del crecimiento de la virtud y la armonía que debe existir entre las virtudes, planteábamos la propuesta de Leonardo Polo según la cual el crecimiento armónico de las virtudes lo llevan a concluir que estas se van 'convirtiendo' en una superior al intensificarse la intención de otro. Bajo este respecto las distintas virtudes serían el crecer de la voluntad, activando cada vez más esta potencia del alma y su capacidad de tender hacia el bien. De esta manera para Leonardo Polo las virtudes inferiores son requisito para poder adquirir las superiores. Así, el ser humano irá adquiriendo las virtudes de menor a mayor, en el siguiente orden: templanza, fortaleza, prudencia, justicia y amistad. Como se ve, Leonardo Polo difiere de la filosofía clásica respecto al orden jerárquico de las virtudes cardinales. Para Tomás de Aquino, la virtud cardinal superior es la prudencia: "entre las virtudes cardinales la primera es la prudencia; la segunda, la justicia; la tercera, la fortaleza; la cuarta, la templanza. Y después vienen las demás virtudes"[194]. Mientras que para Polo, la justicia es superior a la prudencia: "es patente que la intención de otro de los actos justos es superior a la de los actos prudentes, los cuales versan sobre medios y no sobre fines"[195]. Sin embargo, para Polo –siguiendo en esto a Aristóteles[196]–, **la virtud superior es la virtud de la amistad, puesto que "se equiparan los hombres buenos a los amistosos"[197]**.

194. Tomás de Aquino, *Summa Theologica*, II-II, q. 123, a. 12.
195. Polo, L., *Antropología trascendental*, p. 467.
196. Cfr. Aristóteles, *Ética a Nicómaco*, VIII-IX; *Ética a Eudemo*, VII; *Magna Moralia*, II.
197. Polo, L., *Antropología trascendental*, p. 469. "Algunos opinan que hombre bueno y amigo son la misma cosa". Aristóteles, *Ética a Nicómaco*, VIII, 1, 1155a.

Aristóteles considera que "sin amigos nadie querría vivir, aunque tuviera todos los otros bienes"[198]. Desde la antropología aristotélica, la amistad viene a ser algo fundamental para la vida de todo ser humano y consistiría en 'querer el bien del otro': "los amigos desean al bien de los que aman por sí mismos, no en virtud de una afección, sino de un modo de ser; y al amar a un amigo aman su propio bien, pues el bueno, al hacerse amigo, llega a ser un bien para su amigo"[199]. Los amigos quieren el bien del amigo, por eso dice el Estagirita que, en la amistad, "parece radicar más en querer que en ser querido"[200]; llegando a afirmar que "el amor parece ser la virtud de los amigos"[201]. **El amigo ayuda al amigo a crecer, a ser mejor, a ser más humano.** El amigo ayuda a su amigo a adquirir las virtudes morales.

Paralelamente, cabe recordar que la intimidad de cada persona —el quién somos— no puede ser conocido por otros seres humanos, sino que las relaciones interpersonales se dan a través de las manifestaciones operativas del actuar humano. Solo el Creador conoce la intimidad de cada quién. Un ejemplo nos puede ayudar a comprender esto. Pongámonos en el caso de que un matrimonio tiene una discusión porque al marido se le olvidó de colgar la ropa que estaba en la lavadora (generalmente las peleas son culpa de los maridos). La mujer lo regaña y le dice: '¡es la tercera vez en esta semana que se te olvida lo que te pido, esto no cambia!'. Después de un rato, se acerca el esposo a su mujer (porque da el caso que, aunque olvidadizo, es un marido sensato) y le dice: 'perdón, me equivoqué, no tengo excusas esta vez. Intentaré que no vuelva a ocurrir'. Sin embargo, dentro de

---

198. *Ibid.*
199. *Ibid.*, 5, 1157a.
200. *Ibid.*, 8, 1159a.
201. *Ibid.*

la intimidad de ese marido pueden ocurrir dos cosas distintas. La primera (esto es ficticio, no creo que nadie piense así), 'que pelea más tonta, da lo mismo cuándo colgar la ropa. Pero no estoy dispuesto a estar peleado con mi esposa a quien adoro, voy a terminar esto pidiendo perdón'. La segunda (la real, la que piensan todos los hombres), 'que mal, nuevamente me olvidé y para ella es importante. No puedo ser peor. Voy a pedirle perdón por esta conducta impresentable que he tenido'. Por su parte la mujer, que aceptará ese perdón con una sonrisa y un abrazo, dentro de su intimidad pueden ocurrir distintas cosas. La primera, 'no te preocupes, sé que luchas por ser mejor cada día. Te perdono, borrón y cuenta nueva, esto nunca ocurrió'. O, por otro lado, 'si, si, perdón... Eso no te lo creo porque me pides perdón todas las semanas por lo mismo y luego te da igual. Espérate nomás, que la próxima vez que tengamos una discusión esto saldrá como si ocurriera en ese momento'. Frente a esta realidad –que nadie conoce la intimidad de otro–, Leonardo Polo dice que la comunicación entre las personas se encuentra a nivel manifestativo, en nuestra esencia –el cómo somos– y, en este contexto, "la amistad es la comunicación esencial más alta"[202]. Porque, como afirma Juan Fernando Sellés, "solo la amistad abre la puerta de la intimidad"[203]. Es por este motivo –como se verá en el último capítulo– que **es fundamental que el educador, para orientar correctamente a su educando, posea la virtud de la amistad. Por medio de la virtud de la amistad es que se logra 'intimar' con el otro; los amigos se 'muestran' su intimidad.**

Finalmente, conviene tener presente que, como la amistad consiste en querer el bien del otro, el amigo es considerado como

---

202. Polo, L., *Antropología trascendental*, p. 283, nota 6.
203. Sellés, J. F., "La educación de la amistad: una aproximación conceptual", *Educación y educadores*, Nº 11, 2008, p. 162.

'otro yo'[204]. Esto quiere decir que, **al adquirir la virtud de la amistad toda persona será capaz de ver en los otros ese valor singular de cada quién, del amigo y, consecuentemente, de sí mismo**. Al ver en el amigo 'otro yo', nos podemos percatar de que el amigo es una persona novedosa, distinta de los demás y, por consiguiente, nosotros también somos una persona –distinta a la del amigo, por supuesto–, única e irrepetible. Vivir la virtud de la amistad nos permite ponernos frente a nuestra propia intimidad. Esta misma idea aparece en el pensamiento de Aristóteles, quien advierte que, "del mismo modo que cuando queremos contemplar nuestro propio rostro lo miramos dirigiendo la vista al espejo, así también cuando queramos conocernos a nosotros mismos nos reconoceremos mirando al amigo. Pues el amigo es, como decimos, otro yo. Por tanto, si es grato el conocerse a sí mismo y no es posible hacerlo sin otro amigo, el hombre autosuficiente necesitará de la amistad para conocerse a sí mismo"[205]. Dicho de otra manera: "la adquisición de virtud de la amistad, y su conocimiento en primera persona, permite al hombre 'levantar la valla' para poder adentrarse en la intimidad personal"[206]. Adquiriendo la virtud de la amistad podemos intuir nuestra propia intimidad personal. Que el educando adquiera la virtud de la amistad es, en rigor, una manera de orientarlo hacia su intimidad y, consecuentemente, orientarlo hacia el encuentro íntimo con Dios.

---

204. "La voluntad es un estatuto potencial de la esencia humana, de acuerdo con el cual, llega a ser co-esencial –connatural en terminología tomista– respecto de las esencias de otras personas. Por eso, el amigo es «otro yo»". POLO, L., *Antropología trascendental*, p. 498.

205. ARISTÓTELES, *Magna Moralia*, II, 15, 1213a.

206. LEÓN-PARODI, J., *Fundamentación antropológica de la educación desde la filosofía de Leonardo Polo*, p. 334.

3) *Orientación hacia el encuentro íntimo con Dios*

Conociendo el ser humano que es una intimidad personal, única e irrepetible, se vuelca dentro de su interior en búsqueda de una réplica con quien coexistir. De esta manera **el ser humano se encuentra con Dios en su intimidad, y se conoce como Él lo conoce. Esta es la forma en que cada persona llega al conocimiento de quién es y quién está llamado a ser.** Es decir, al encontrarse con su Creador cada *persona* descubre su vocación personal. En palabras de Leonardo Polo: "el hombre se conoce totalmente a sí mismo sólo en el amor de Dios"[207].

Mediante este encuentro íntimo con su Creador, el ser humano descubre la forma que tiene de aportar y crecer irrestrictamente como la novedad que es, y como el ser que está llamado a ser. Por esta razón, la última fase de la orientación educativa, es la orientación hacia el encuentro íntimo del educando con Dios. Es por este motivo que el educador, en último término, debe procurar que cada educando se encuentre frente a frente con Dios, para que este –como educador y orientador por antonomasia– le revele su verdad personal.

Según lo señalado, **el educando, al encontrarse con Dios y descubrir su vocación personal, alcanza la madurez. Desde ese instante, se cumple con el fin de la educación, puesto que desde ese momento el educando es capaz de crecer por** *iniciativa personal* **y comienza a aportar a los demás hombres, ayudándolos a crecer.** De esta manera, "se puede sostener que cada hombre, al conocer su vocación íntima personal –y desde ella aportar a los demás–, se vuelve educador y puede orientar a otros hombres: los puede ayudar a crecer"[208].

---

207. Polo, L., *Escritos menores (2001-2014)*, p. 217.
208. León-Parodi, J., *Fundamentación antropológica de la educación desde la filosofía de Leonardo Polo*, p. 337.

Antes de proseguir, conviene advertir que la orientación hacia el encuentro íntimo con el Creador no es algo exclusivo de la educación religiosa, aunque claramente para alguien que tiene fe –y en una educación que se profese alguna fe– es más sencillo ponerse de frente con Dios. Que el ser humano sea criatura es algo constitutivo de él y no de revelación sobrenatural. Por consiguiente, cualquier persona puede encontrar en su intimidad a Dios.

Por otro lado, conviene sostener que para orientar al educando al encuentro íntimo con Dios se necesita entrar en confianza, para que este le 'muestre' al educador, en parte, su intimidad personal. Por consiguiente, es necesario que el educador, para lograr este cometido, posea la virtud de la amistad, de lo contrario se educará superficialmente; y la superficialidad deseduca. Además, como se verá más adelante, por medio de la virtud la amistad el educador podrá orientar a cada educando como él necesita ser orientado. En esto consiste la educación personalizada.

Capítulo III

Los educadores o agentes de la educación

El tercer interrogante del quehacer educativo consiste en 'quiénes educan', esto es, los educadores o agentes de la educación. Como decíamos más arriba la educación consiste en 'ayudar a crecer': el que *crece* siempre es el educando –sujeto de la educación–, pero para hacerlo requiere de la *ayuda* de los educadores –agentes de la educación–. Sin recibir esta asistencia será muy difícil que el educando logre alcanzar la madurez –fin de la educación–. De lo indicado se advierte que *el educador es el que ayuda a crecer*. Así lo considera Tomás Alvira, quien señala que "las personas que ayudan al desarrollo del nuevo ser para llevarlo a su plenitud son los *educadores*"[1].

Teniendo presente que el educando necesita de una ayuda para crecer, ahora conviene detenerse en quién es ese agente que prestará la ayuda como educador. Respondiendo esta pregunta **podemos sostener que los agentes educadores son tres: la familia –en concreto los padres–, el colegio –todos quienes integran la comunidad educativa, pero sobre todo los profesores– y la sociedad en su conjunto –que no es lo mismo que el Estado–.**

1. ALVIRA, T., *¿Cómo ayudar a nuestros hijos?*, p. 11.

De este parecer es Tomás Alvira, quien advierte que "la tarea de educar es muy compleja y para realizarla bien se precisa la cooperación de padres, de profesores y de la sociedad que rodea al educando y de la que él forma parte"[2]. La educación corresponde a los tres agentes educadores, que deberán educar de manera complementaria y armónica. Dicho de otra manera: la coordinación entre padres y profesores es fundamental y, a su vez, ambos deben prever cómo puede influir la sociedad, para orientar correctamente al educando al respecto, de modo que esa influencia social sea positiva y ayude al educando a crecer y no juegue en contra del proceso educativo que se lleva a cabo en el hogar y en el colegio. Sin una buena coordinación la educación será prácticamente imposible, puesto que educaremos en desarmonía. Un niño que en el colegio escucha que hay que respetar a los demás y ve como sus padres pelean todo el día no sabe a qué atenerse. O un adolescente que ha sido educado en el respeto a las normas de convivencia en su casa y escuela y que luego ve que en la sociedad donde vive se valora positivamente a quienes se saltan las reglas sin ser pillados no puede tener armonía interior.

Antes de adentrarnos en el estudio de los agentes educadores conviene aclarar que el Estado no forma parte de este elenco. El Estado debe ayudar a la familia y a los colegios a educar —y deberá garantizar cierto orden en la sociedad—, pero jamás deberá inmiscuirse en esta labor que no le corresponde. A raíz de esto sostiene Antonio Millán Puelles que se debe evitar atribuirle "al poder estatal una función que invade los recintos tradicionalmente reservados a la vida de la familia e incluso al personal e íntimo de cada hombre"[3]. Un lugar reservado a la vida familiar es la educación de

---

2. ALVIRA, T., *Los padres, primeros educadores*, Mundo Cristiano, Madrid, 1972, p. 6.
3. MILLÁN PUELLES, A., *La formación de la personalidad humana*, p. 101.

los hijos, en el cual, insistimos, el Estado no debe inmiscuirse. Al contrario, lo que debe hacer el Estado es apoyar subsidiariamente a la familia, sin pretender reemplazarla o suplirla. Los hijos no son del Estado, sino que son de la familia. Por lo tanto, es la familia la que debe educar a sus hijos, y el Estado solo debe garantizar y apoyar esta tarea primordial de la familia. De esta opinión es Víctor García Hoz quien señala que "no es misión del Estado educar o gestionar la educación, pero sí disponer las condiciones exteriores, económicas y sociales para que la educación pueda ser realizada"[4]. Esta labor subsidiaria del Estado consiste —según el decir de Enrique Martínez García— en "velar por el libre y ordenado ejercicio de la acción educativa"[5].

A continuación, se desarrollará el presente capítulo, sobre los agentes educadores, por medio de tres apartados —'Padres primeros y principales educadores de sus hijos', 'El colegio como educador' y 'La sociedad como educadora'— donde nos adentraremos en cada uno de estos actores de la educación.

1. Padres primeros y principales educadores de sus hijos

Todo ser humano nace en una familia, nadie nace aislado. Por este motivo, podemos afirmar que **el ser humano es naturalmente familiar. De esta opinión es Aristóteles, quien considera que "el hombre no es solamente un animal social, sino**

---

4. García Hoz, V., *Introducción general a una pedagogía de la persona*, p. 106. Continúa este autor: "En esta misión consiste la realización del *principio de subsidiariedad*, según el cual al Estado no le corresponde realizar propiamente la educación, sino disponer las condiciones adecuadas para que se realice, y suplir las iniciativas individuales y sociales cuando éstas no lleguen a cumplir las necesidades educativas de la comunidad". *Ibid.*
5. Martínez García, E., *Ser y Educar*, p. 85.

también familiar"[6]. La familia es natural en el ser humano, ya que los rasgos que este posee son, precisamente, de carácter familiar: ningún ser humano nace de manera aislada, sino que todos comenzamos a existir en nuestra familia.

Tras lo dicho, corresponde destacar ahora que las relaciones familiares se fundamentan en el amor: en la familia todo se hace de manera gratuita por amor. A esto se refiere Aristóteles cuando sostiene que la amistad –el amor– "parece darse de un modo natural en el padre para con el hijo, y en el hijo para con el padre"[7]. A esto agrega que "el amar se da con especial vigor en la amistad por parentesco y sobre todo en la del padre y el hijo"[8]. En relación con esto, cabe considerar que la palabra latina *familiaritas* –familiaridad–, que viene de *familia*, significa 'amistad'[9]. Es decir, el mismo origen de la palabra tiene presente que la familia se sustenta en la virtud de la amistad, esto es, en el amor. En sintonía con esta idea, Tomás Alvira señala que "el elemento fundamental que ha de servir de nexo, de unión fuerte, entre los componentes de la familia es el amor"[10]. Esto es así porque –como considera Gregorio Luri– la familia "es el único lugar en el que, como hijos, somos amados incondicionalmente por ser quienes somos. En ningún otro lugar seremos queridos de esta forma tan plena y gratuita"[11]. Esto queda de manifiesto, entre tantos ejemplos que podrían darse, con los padres que trasnochan sin cesar durante meses para atender al hijo recién nacido. ¿Qué puede ofrecer un niño recién nacido a

---

6. Aristóteles, *Ética a Eudemo*, VII, 10, 1242a.
7. Aristóteles, *Ética a Nicómaco*, VIII, 1, 1155a.
8. Aristóteles, *Magna Moralia*, II, 12, 1211b.
9. Cfr. Segura, S., *Nuevo diccionario etimológico Latín-Español y de las voces derivadas*, p. 282.
10. Alvira, T., *¿Cómo ayudar a nuestros hijos?*, p. 96.
11. Luri, G., *Mejor educados. El arte de educar con sentido común*, Editorial Planeta, Colección booket, Barcelona, 2015, p. 12.

unos padres agotados? Nada, puesto que solo demanda atención y cuidado, no puede 'devolver' lo que está recibiendo. La gratuidad del amor es la que sustenta toda acción de cuidado que requiere un recién nacido.

Teniendo claro que las relaciones familiares se sostienen en el amor, cabe aclarar de qué amor procede todo el amor familiar. **El sustento del amor en la familia proviene de la relación de amor que ha dado origen a la misma, es decir, del amor de los esposos. Es el amor entre los esposos el que sostiene y fundamenta todas las demás relaciones familiares: la paterno-filial y la fraterna.** Esta idea puede inferirse del pensamiento de Tomás de Aquino, quien señala que "es propio de un mismo principio constituir algo y conservar lo constituido"[12]. Si bien esta afirmación la hace hablando sobre la virtud de la justicia, como el Aquinate se refiere a 'los principios' de manera general, haciendo una analogía podemos inferir que, así como el amor de los padres tiene como fruto el origen del matrimonio –y, por tanto, de la familia–, deberá ser ese mismo amor la manera en que se debe conservar la familia –las distintas relaciones familiares–. Esta idea es sintetizada de buena manera por Menchén y Melendo, quienes señalan que "lo que ha dado origen a una realidad, debe ser también la causa de su perfeccionamiento"[13]; lo que quiere decir que, como el matrimonio –la familia– es fruto del amor entre los esposos, todas las relaciones que emanan del mismo –todas las relaciones familiares– deben fundamentarse en ese mismo amor.

Lo dicho se aplica también a la educación de los hijos: como es el amor de los padres el que ha dado origen a los hijos –por medio de la procreación–, será ese mismo amor que deberá conservarlos,

---

12. Tomás de Aquino, *Summa Theologica*, II-II, q. 79, a. 1.
13. Menchén, B. y Melendo, T., *Quiénes son nuestros hijos y qué esperan de nosotros*, p. 65.

es decir, educarlos. Por esta razón "corresponde sostener que *el primer acto educativo de los padres —y en el que se fundamentan todos los demás— es el amor entre los esposos*: antes de educar a los hijos los esposos deben amarse; y amándose educan a sus hijos"[14]. De la misma opinión es el profesor Carlos Llano, quien considera que la educación de los hijos es "una emanación del amor conyugal, una extensión –casi un apéndice– suyo: los padres no tendrían otra cosa que hacer más que amarse de manera constante –con todos los atributos que la fidelidad acarrea–, llena de confianza –con las notas que esa apertura lleva consigo– y responsable –con las características que siguen a la responsabilidad–"[15]. **Es el amor entre los padres –el amor matrimonial– el primer medio por el cual serán educados los hijos.** Para educar a los hijos los padres tienen que procurar quererse cada vez más entre sí. Por esta razón unos padres que cuidan su relación reservando momentos para estar ellos solos y fomentar el amor, aunque dejen a los niños a cargo de un tercero –incluso alguien que, aparentemente, no los educa sino que los malcría–, están verdaderamente educando a sus hijos al fomentar su amor conyugal.

A. *El matrimonio*

La palabra matrimonio tiene su origen en el término latino *mater*, que significa madre[16]. Esto viene a indicar que desde su origen etimológico, la razón o fundamento de la existencia del matrimonio es la capacidad que tiene la mujer de ser madre –y, por ello, el padre de ser padre–. Por este motivo, el matrimonio debe

---

14. LEÓN-PARODI, J., *Fundamentación antropológica de la educación desde la filosofía de Leonardo Polo*, p. 356.
   15. LLANO, C., *Formación de la inteligencia, la voluntad y el carácter*, p. 127.
   16. Cfr. SEGURA, S., *Nuevo diccionario etimológico Latín-Español y de las voces derivadas*, p. 450.

ordenarse primeramente a la prole, ya que es su razón de ser. En esta línea, Robert Spaemann considera que "la peculiaridad de la promesa de matrimonio sólo es posible por la complementariedad específica de personas de distinto sexo, y se basa en la transmisión de la vida"[17]. Esta complementariedad, que se fundamenta en la diferenciación sexual, hace posible la procreación y, consecuentemente, la paternidad y la maternidad de los esposos. Así lo expone también Tomás de Aquino, quien afirma que "en toda generación se requiere un principio activo y otro pasivo. Ya que en todos los seres con distinción de sexos el principio activo está en el macho y el pasivo en la hembra, la misma naturaleza exige la unión de ambos para engendrar"[18].

Teniendo esto presente nos adentraremos a estudiar el matrimonio desde dos vertientes distintas, pero complementarias: el matrimonio natural y el matrimonio como vocación divina.

1) El matrimonio natural

Para comprender el matrimonio natural hay que considerar que **la estabilidad de la familia humana se logra por la estabilidad del matrimonio: el matrimonio es el sustento de la familia.** Cada vez que nace un nuevo ser humano, lo hace de una manera muy indefensa, dependiendo casi totalmente de sus padres. Por eso decimos que el ser humano nace de manera prematura[19]. Esto se nota fácilmente al observar a un niño recién nacido. La cría humana no puede procurarse su propio alimento, no puede cuidarse del peligro, no puede vestirse sin ayuda. Un niño recién nacido no puede valerse por sí mismo, por lo que necesita –en

---

17. Spaemann, R., *Personas. Acerca de la distinción entre «algo» y «alguien»*, Eunsa, Pamplona, 2000, p. 219.

18. Tomás de Aquino, *Summa Theologica*, I, q. 98, a. 2.

19. Cfr. Polo, L., *Ayudar a crecer*.

todo– del cuidado de sus padres. La cría humana requiere de un cuidado muy intenso por parte de sus progenitores. Este cuidado que recibe el niño es bastante prolongado si se compara con el resto de los animales, ya que el ser humano se demora bastante tiempo en poder valerse de manera independiente. Esta idea es expresada claramente por Tomás de Aquino, quien señala que "hay animales cuyos hijos al poco de nacer se bastan a sí mismos para buscarse el alimento, o es suficiente la madre para procurárselo, y respecto de éstos no hay ninguna determinación del macho a la hembra; pero en los animales cuyos hijos necesitan ser alimentados por ambos padres, aunque por poco tiempo, existe cierta determinación mientras dura ese plazo, como se observa en algunos pájaros. Pero entre los hombres, debido a que los hijos precisan el cuidado de los padres por un plazo muy largo, es máxima la determinación del varón a la mujer, y a ella les impele hasta el mismo elemento genérico"[20].

La debilidad o prematuridad con que nace la cría humana es patente si la comparamos con otras especies animales. Si observamos el nacimiento de una tortuga de mar ocurre algo totalmente opuesto a lo que sucede con el nacimiento del ser humano. La mamá tortuga deja los huevos enterrados en la arena de la playa y se va, dejando a las crías a 'su suerte'. Al nacer, la cría tortuga se desplaza de manera autónoma e instintivamente –siguiendo el brillo del reflejo del sol– al mar. Las tortugas que no llegan al mar serán devoradas por un depredador. A la tortuga bebé no hay que enseñarle a ser tortuga, ni tampoco requiere del cuidado de sus padres para hacer lo que tiene que hacer. Una tortuga recién nacida se vale por sí misma, no así la cría humana. Paralelamente, si se repara en el nacimiento de un caballo, se aprecia que a las pocas horas es capaz de ponerse de pie por sus propios medios y puede

---

20. Tomás de Aquino, *Summa Theologica*, Supplementa III, q. 41, a. 1.

caminar solo. La cría caballo busca a su madre para alimentarse, en cambio el niño humano necesita que le den de comer, llegando al punto que la madre tiene que tomarlo en brazos y ponérselo al pecho. Otra especie interesante de observar son las aves. En las aves ocurre algo particular, puesto que requieren de un cuidado un poco más extenso que el resto de los animales. Por este motivo los pájaros construyen nidos, para poner los huevos y proteger a los polluelos recién nacidos de sus depredadores. Sin embargo, aunque requieran de un cuidado prolongado respecto del resto de los animales, incluso el ave que más se demora en 'madurar' tarda aproximadamente dos meses en poder lanzarse a volar. Por el contrario, **el niño humano al nacer no tiene ningún grado de autonomía y depende exclusivamente del cuidado de sus padres y se requiere bastante tiempo para que logre cierta autonomía para poder sobrevivir.** Además, este cuidado en el caso del ser humano no solo contempla toda la atención material –la crianza–, sino que también se circunscribe a la educación. Por este motivo José María Barrio afirma que "la naturaleza ha dotado a los animales irracionales con la información genética necesaria y suficiente para que, nada más nacer, o muy poco después, sean capaces de desenvolverse con soltura y sin ayuda. El hombre experimenta, por el contrario, una larga necesidad de atención y protección después del nacimiento"[21].

El cuidado material o crianza y la educación que demanda la cría humana requiere de dos actividades distintas: por un lado, la atención directa al niño –en el hogar– para satisfacer sus diversas necesidades y, por el otro, la provisión material –obtenida por medio del trabajo– que requerirá ese niño y su cuidador directo para poder subsistir. Sin embargo, la cría humana no permite salir a trabajar –para proveer– mientras se

---

21. Barrio, J. M., *Elementos de Antropología Pedagógica*, p. 95.

le atiende directamente, puesto que para lograr esto el cuidador/
proveedor deberá acarrearlo, y el ser humano coge a la cría para
llevarla de un lado a otro; no es el niño el que se agarra de sus padres como es el caso de otros animales, como el mono. La mamá
mona puede salir a buscar alimento mientras el mono bebé se
cuelga de su pelaje[22]. ¿Qué es lo que ocurre en la película Tarzán
cuando Kala –el gorila madre– adopta a Tarzán y se lo pone en
la espalda para caminar? Tarzán se cae al suelo –aunque Kala lo
atajar a tiempo–, porque el niño humano no tiene la fuerza ni el
pliegue en la mano para poder colgarse del pelaje de su madre
adoptiva. Esto hace imposible salir a buscar alimento –trabajar– y
atender al niño al mismo tiempo. Para cuidar de los hijos humanos, educarlos y proveerles materialmente hay que desarrollar ambas actividades de manera separada. Si bien tradicionalmente estas
acciones se dividían entre los padres, en el presente se comparten
entre ambos y se contrata ayuda para el cuidado: tanto el padre
como la madre salen a trabajar y atienden al niño, esto último con
ayuda de terceros.

Por todo lo indicado, el matrimonio requiere cierta estabilidad
a largo plazo, ya que los hijos, como queda claro, tardan bastante
tiempo en ser autónomos y dejar de necesitar este cuidado que
reciben de sus padres. De esta forma el varón y la mujer se complementan naturalmente no sólo en la procreación de los hijos, sino
también en su cuidado, crianza y educación.

Los fines del matrimonio

El matrimonio, como institución natural, se ordena a dos fines
distintos, aunque complementarios: la procreación de la prole y el
bien de los esposos, también conocido como amor o ayuda mutua.

---

22. Cfr. POLO, L., *Quién es el hombre*, p. 66.

Respecto de la jerarquía de estos fines Tomás de Aquino considera que "el matrimonio tiene como fin principal la procreación y educación de la prole"[23]. Del mismo parecer es Leonardo Polo quien indica que "el fin primario del matrimonio es la procreación y la educación de los hijos, y que ello se basa en la mutua donación de los cónyuges"[24]. Esto lo fundamenta sosteniendo que "lo más importante del matrimonio es dar lugar a una persona, porque lo más nuclear en el hombre es *ser persona*. El fruto del matrimonio es una persona nueva, y la persona nueva es justamente el *hijo*. Precisamente por eso, *los padres se subordinan al hijo, puesto que están finalizados por el hijo en cuanto persona*, y no sólo finalizados por la procreación de la especie –ésta es una visión naturalista del hombre–"[25].

En el caso de los animales la sexualidad es solo un medio para la reproducción y conservación de la especie. Pero en el hombre la reproducción es 'procreación': es la participación del matrimonio en el acto creador de una nueva *persona*, única e irrepetible. Los padres humanos cooperan en el acto creador de Dios. De esta manera, queda claro que la procreación –como fin del matrimonio– debe vivirse en comunión con el Creador, puesto que los esposos, por medio de la unión sexual, se hacen partícipes del amor creador de Dios a través de su amor mutuo expresado en la unión matrimonial.

Sin embargo, si bien la procreación es el fin primario del matrimonio, no podemos olvidar que en el ser humano todo es armónico, lo que se manifiesta también en los fines del matrimonio, puesto que estos no pueden separarse entre sí. Esta armonía se da en **que el bien de los esposos –el amor– es el fin del matrimo-**

23. Tomás de Aquino, *Summa Theologica*, Supplementa III, q. 65, a. 1.
24. Polo, L., *Filosofía y economía*, p. 179.
25. Polo, L., *Ayudar a crecer*, p. 183.

nio en el que se funda la procreación. El amor entre los esposos sirve a la procreación, puesto que esta es fruto del amor. A este respecto, advierte Leonardo Polo que la participación del varón y la mujer en la "generación del hombre, expresa el carácter unitivo que existe entre el amor de los padres y el amor a los hijos. **El amor de los esposos entre sí y el amor de los esposos al hijo no son muy separables, porque los padres reconocen su mutuo y propio amor en el hijo; el hijo es obra común. El hijo es tanto del padre como de la madre; lo es unitariamente. En él los esposos se unen"**[26]. Por eso considerábamos más arriba que al ser la procreación fruto del amor entre los esposos, necesariamente la crianza y educación también debe ser fruto de ese amor. Así lo manifiesta Tomás Melendo: "la educación, ha de estar movido, pues, por las mismas causas que engendraron al hijo: el amor de los padres entre sí"[27]. Del mismo parecer es Víctor García Hoz, quien considera que "el amor entre los cónyuges no sólo actúa en el acto de la generación, cumpliendo así uno de los fines de la familia; continúa a lo largo de la vida familiar, siendo el vínculo más fuerte que une a todos los que la constituyen"[28]. Por este motivo, corresponde afirmar que el amor a los hijos es una prolongación –una expresión o extensión– del amor entre los esposos y, por tanto, lo que más necesitan los hijos es que sus padres se amen. Por esto se sostuvo más arriba que *el primer acto educativo de los padres —y en el que se fundamentan todos los demás— es el amor entre los esposos.* Los padres deben fomentar y manifestar ese amor, porque es lo que los hijos necesitan para crecer. Por esta razón indica Víctor García Hoz que "el primer servicio que los padres pueden prestar

---

26. *Ibid.,* p. 184.
27. Melendo, T., *Diez principios y una clave para educar correctamente,* p. 42.
28. García Hoz, V., *La educación del estudiante en la familia,* Ediciones temas de hoy, Madrid, 1990, p. 92.

a sus hijos es el espectáculo de la continuidad de su amor"[29]. Los hijos necesitan ver como sus padres se quieren para crecer. Lo contrario a la unión conyugal es la separación. Por este motivo el divorcio es un mal que afecta directamente a los hijos y su educación, puesto que con sus padres separados, los hijos no podrán gozar del espectáculo del amor mutuo que sostiene la ayuda que reciben para crecer. Esta separación entre los esposos no solo es perniciosa cuando se materializa en el divorcio, sino que también lo es cuando hay una 'separación de hecho' entre dos esposos que no fomentan su amor mutuo, aunque compartan el mismo techo. Dos padres que tienen siempre distintos pareceres, que se contradicen el uno al otro de manera consciente y constante, que pelean frente a sus hijos con frecuencia, que hablan mal el uno del otro frente a sus hijos o que no se tratan con delicadeza, hacen un gran daño a los hijos, porque estos se nutren del amor entre sus padres, no de la desunión entre ellos.

2) El matrimonio como vocación[30]

Una vez estudiado el matrimonio natural como fundamento de la familia, conviene centrar la atención en el matrimonio como encargo divino de los esposos. Desde la antropología trascendental de Leonardo Polo, se puede sostener que el matrimonio es un encargo divino que hace el Creador a un varón y a una mujer –a los esposos– para coexistir con Él. Esto quiere decir que el **matrimonio, para las personas casadas, es el lugar por excelencia para poder generar los dones de amor que se requieren para coexistir con Dios, esto es, es el lugar por antonomasia donde**

29. *Ibid.*, p. 97.
30. Este apartado se encuentra publicado en León-Parodi, J., *Fundamentación antropológica de la educación desde la filosofía de Leonardo Polo*. Sin embargo, para dar coherencia al texto, se añaden algunos cambios.

los esposos podrán constituir los dones de amor para ofrecer a Dios y así coexistir amorosamente con Él. Los dones de amor para coexistir con el Creador siempre se generan cumpliendo con el encargo *íntimo* o vocación *personal*: encargo que Dios da y revela a cada *persona*. Por consiguiente, **el matrimonio necesariamente tiene que ser un encargo de Dios, esto es, una vocación personal de los esposos.** Además, el don que se genera en el matrimonio es el don más grande que cualquier ser humano puede entregar al Creador: el hijo, persona única e irrepetible llamada a aportar. En esto consiste la apertura a la vida, en cooperar con la creación de nuevas *personas*.

Sumado a lo anterior, conviene tener presente que, como el hombre se perfecciona –y, por tanto, genera dones de amor– aportando a los demás hombres, esto es, ayudándoles a crecer en sociedad –el hombre se perfecciona perfeccionando–, la educación de la prole es otra de las formas que tienen los esposos –los padres– de coexistir con el Creador. La misión de los padres no termina con la procreación de los hijos, sino que se prolonga en su crianza y educación. Por este motivo se puede señalar que, **tanto el trato entre los esposos como el de estos con sus hijos, es el medio por excelencia al que los esposos están llamados para coexistir con el Creador.**

Junto con lo indicado, se debe considerar que el matrimonio es, para la antropología trascendental descubierta por Leonardo Polo, un 'tipo de coexistencia' con los demás hombres. Más arriba quedó claro que solo el Creador conoce la intimidad de cada persona y que las relaciones 'personales' entre los hombres se dan a través de la *esencia*, no directamente a nivel *personal* en la intimidad, siendo la virtud de la amistad el medio idóneo para que las relaciones intersubjetivas se abran –de algún modo– a la intimidad. En este sentido, cabe advertir que el matrimonio, por ser una relación interpersonal, requerirá de la virtud de la amistad para lograr su grado de intimidad más alto: por ello uno de sus fines es el bien de los esposos –también conocido como amor o ayuda mutua–, que consiste en querer el bien del otro, esto es, consiste en vivir de manera plena la virtud de la amistad. Por medio de la amistad los esposos se ayudan mutuamente a crecer de cara al Creador. Y también por medio de esta virtud los esposos pueden manifestar su intimidad. Incluso, se puede afirmar que **entre los esposos se da la relación de amistad más perfecta entre seres humanos.**

Por otro lado, como solo Dios puede conocer la intimidad personal de cada quién, **el matrimonio, para alcanzar el mayor grado de amistad, debe vivirse en comunión con el amor de Dios.** Por tanto, todo matrimonio debe vivirse de cara al Creador, porque por medio de Él cada uno de los esposos podrá llegar –a través de Dios– a conocer la intimidad personal del otro, y así poder ayudarlo a crecer de la manera que ellos personalmente lo requieran. Los esposos deben ayudarse a crecer, ya que este es el fin de las relaciones interpersonales entre los hombres. Cabe recordar que en la procreación –del cual resulta el don por antonomasia del matrimonio, el hijo– los esposos –por medio del amor conyugal– participan del amor de predilección que Dios tiene por cada *persona* que crea. Por ello, se podría considerar que la unión conyugal es el medio por excelencia para vivir el matrimonio en comunión con Dios, uniéndose –por medio de Dios– íntimamente los esposos. Este es el motivo de su nombre, que significa: unión de los esposos. Esta unión solo puede darse íntimamente si se vive en comunión con el Creador, que es –exclusivamente– quien conoce la intimidad personal de cada quién.

Respecto de lo señalado, cabe advertir que, si bien el matrimonio adquiere un gran valor por el rol que cumple de cara a la sociedad –procreación y educación de la prole–, desde la antropología trascendental se ve que adquiere un valor especial. Desde el pensamiento de Leonardo Polo se puede sostener que el matrimonio no solo es la relación natural interpersonal más alta que puede darse entre dos seres humanos –que se relacionan para ayudarse a crecer mutuamente–; ni tampoco es solo el medio por el cual se sirve el Creador para crear nuevas *personas* –únicas e irrepetibles, llamadas a aportar–, sino que es el encargo divino –la vocación personal– por el cual los esposos están llamados a coexistir amorosamente con el Creador. Las consecuencias de esta mirada vocacional, como medio para coexistir amorosamente con Dios, son de gran calado: todo trato de marido y mujer –siendo la más grande la unión conyugal abierta a la vida– *es* coexistencia amorosa con el Creador; el trabajo profesional de los cónyuges –tanto el que se hace fuera como dentro del hogar– de cara a la familia *es* coexistencia amorosa con el Creador; el cuidado de los hijos –que se da por medio de la crianza– *es* coexistencia amorosa con el Creador; y la educación de los hijos –ayudarlos a crecer– *es* coexistencia con el Creador.

B. *La educación en la familia*

Los padres, hemos dicho, son los primeros y principales educadores de sus hijos. Estos no terminan su tarea con la procreación, sino que deben continuarla por medio de la crianza y la educación de sus hijos. La familia no solo es la primera educadora en orden temporal –es notorio que es el primer ambiente donde cada niño recibe ayuda para crecer–, sino que también **es la primera educadora en orden de importancia –es la principal educadora–, puesto que la educación recibida en la familia normalmente será la que más influirá en el crecimiento de todo ser humano.** Como advierte García Hoz: "la familia no sólo se constituye para que en ella nazcan los hijos, sino también para que alcancen su total desarrollo, tanto en el orden biológico –desarrollo del cuerpo, crianza–, cuanto en el orden espiritual –desarrollo del espíritu, educación–"[31]. Esta idea aparece también en Aristóteles, quien afirma que "el padre es responsable de la existencia de su hijo (que se considera el mayor bien) y también de su crianza y educación"[32]. Esto es evidente, puesto que es en la familia donde se da la generación de una nueva persona, y –como observa Enrique Martínez García– "la educación viene a completar lo que se inició en la procreación"[33]. Por esta razón, Francisco Altarejos advierte que los padres actualizan su paternidad al educar a sus hijos, ya que "la paternidad y la maternidad llegan a encontrar su plenitud en la educación"[34]. Esto quiere decir que, para ser padre y madre, no basta con la participación en la procreación del hijo, sino que es necesario que lo eduquen. Del mismo parecer es Carlos Cardona, quien considera que "la misión de los padres no acaba trayendo hijos al mundo, es preciso educarlos, ponerlos en condiciones de valerse por sí mismos, mediante la educación, llevándolos a la madurez personal"[35].

Según lo indicado, **la educación puede ser considerada como una *segunda generación***, ya que como dice Tomás de Aquino al tratar la procreación como fin del matrimonio: "la naturaleza no pretende únicamente la generación de la prole, sino también su progreso y desarrollo hasta conseguir su estado perfecto en cuanto hombre, o sea, el estado de virtud"[36]. Comentado este pasaje del Aquinate, Enrique Martínez García llega a afirmar que la familia es el 'útero espiritual' donde el hijo recibe el alimento para su

---

31. García Hoz, V., *La educación del estudiante en la familia*, p. 22.
32. Aristóteles, *Ética a Nicómaco*, VIII, 11, 1161a.
33. Martínez García, E., *Ser y Educar*, p. 55.
34. Altarejos, F., *Dimensión ética de la educación*, 2ª edición, Eunsa, Pamplona, 2002, p. 212.
35. Cardona, C., *Ética del quehacer educativo*, p. 48.
36. Tomás de Aquino, *Summa Theologica*, Supplementa III, q. 41, a. 1.

alma[37]. **La educación es la extensión o continuación de la pro-creación, tanto así que sin educación la tarea de la procreación queda inconclusa. El fin primario del matrimonio no consiste exclusivamente en la procreación de la prole, sino que en la** *procreación y educación* **de la misma.** Esta educación familiar desarrollada por los padres debe ser conjunta: el padre y la madre se complementan para educar. Así como los padres se complementan biológicamente para poder generar al hijo, necesariamente deberán complementarse para lograr una correcta educación. La educación exclusivamente del padre o de la madre es educación incompleta. **Es fundamental que ambos padres participen activamente en el proceso educativo, cada uno a su manera, con su particularidad personal –porque el padre y la madre educan diferente, y cada matrimonio se complementa de manera distinta al educar–, pero de manera coordinada y complementaria.** Los padres tienen que hablar mucho sobre la forma en que quieren educar –y están educando– a sus hijos; jamás deben contradecirse el uno al otro y deben procurar aportar los talentos propios –tanto los propios de su naturaleza sexual como los adquiridos– para suplir las falencias del otro cónyuge. Al educar, padre y madre se complementan.

Por otro lado, conviene advertir que como los padres solo prestan una 'ayuda' al crecimiento del hijo por medio de la orientación educativa, estos deben respetar siempre su libertad. Por esto considera Leonardo Polo que "para los padres humanos la educación comporta desprendimiento: no tiene nada que ver con un intento

---

37. "La familia, en definitiva, es el lugar idóneo para el crecimiento de toda virtud, es el «útero espiritual» en el que la prole recibe el alimento más nutritivo para su alma, y ello hace de los padres los principales educadores del hombre en cuanto hombre". Martínez García, E., *Ser y Educar*, p. 130.

suyo de asimilar a sí mismos a los hijos"[38]. La ayuda que prestan tiene que respetar siempre la libertad de cada hijo, único e irrepetible. Es decir, los padres deben procurar que sus hijos sean auténticamente libres, de manera que no pueden tratarlos como una prolongación suya. En palabras de Leonardo Polo: "el amor a los hijos incluye también respeto a la alteridad del otro"[39]; lo que quiere decir que a los hijos hay que quererlos libres, no debemos pensar que son una especie de extensión de sus educadores. El respeto a la libertad al educar es fundamental, aunque se corra el riesgo de que el hijo se desvíe del camino que los padres consideran adecuado para ellos. Es preferible que los hijos hagan un mal uso de la libertad –es decir, que se equivoquen– antes que suprimirla, puesto que sin libertad nadie puede crecer.

Antes de pasar a estudiar los otro agentes educadores, conviene tener presente la siguiente afirmación del profesor Francisco Altarejos: "la educación familiar es el foco de irradiación pedagógica a otras instancias sociales, como la escuela, los medios de comunicación social, la política educativa y, en suma, la entera sociedad. Cada instancia juega su papel según la índole de su actividad propia, pero la matriz pedagógica radica en la familia"[40]. Esto quiere decir que la familia no solo es el primer y principal agente educativo, sino que además es el agente educativo que debe guiar a los demás educadores: el colegio y la sociedad deben servir e imitar a la familia al actuar como agentes educadores.

38. Polo, L., *Escritos menores (1991-2000)*, p. 164.
39. Polo, L., *Lecciones de ética*, p. 138.
40. Altarejos, F., *Leonardo Polo: Pensar la educación*, p. 30.

2. El colegio como educador

El segundo agente educador es el colegio. Como los padres no pueden estar siempre con sus hijos, no pueden proferir la enseñanza de conocimientos específicos de las diversas disciplinas y como a los niños les hace bien poder socializar con otros niños o adolescentes, conviene que los padres reciban la ayuda del colegio para educar a sus hijos. **El colegio es esa institución educativa que apoya subsidiariamente el rol educativo de la familia.** La educación de la familia debe ser complementada por la educación del colegio por medio de sus profesores.

El colegio, como institución educativa, no es solo un transmisor de conocimientos concretos o un desarrollador de ciertas competencias profesionales, sino que también debe ser un formador, en el sentido más profundo de la palabra. El colegio no tiene como objetivo que los alumnos vayan a la universidad y tengan cierto éxito en ella, sino que debe procurar formar integralmente a sus alumnos: debe ayudarlos a crecer para alcanzar la madurez.

A. La relación de la familia con el colegio

Si bien la familia es el primer y principal educador de sus hijos, el colegio debe asistir subsidiariamente a la familia en esa tarea educativa. Por esto afirma Cardona que "el colegio cumple una función subsidiaria, por encargo de los padres y según su recta y formada conciencia"[41].

El colegio, que es un cuerpo intermedio que se encuentra entre la familia y la sociedad civil, consiste en una pequeña sociedad de familias que tienen como fin educar al grupo de alumnos que aco-

---

41. Cardona, C., *Ética del quehacer educativo*, p. 40.

gen. En este sentido, el colegio es una prolongación de la familia; y **"se puede describir como *un conjunto de familias que, guiadas por el fin del quehacer educativo, buscan ciertos medios en común para la educación de sus hijos"*** [42]. Es por este motivo que en un colegio debe existir cierta *familiaridad* y cohesión entre todos los que conforman la comunidad educativa: padres, profesores y alumnos. Como sentencia Carlos Cardona, "el colegio, de algún modo, es una extensión del ámbito familiar" [43]. En palabras de Tomás Alvira: "la escuela debe ser el segundo hogar" [44].

Según lo indicado, los colegios deben tener a la familia como modelo a seguir, deben imitar la labor familiar, pero teniendo en cuenta que no son la familia. Como advierte Juan Fernando Sellés, "la familia es *raíz* y *fin* del colegio" [45]. Del mismo parecer es Jacques Maritain, quien considera al colegio como "un órgano referido a la vez a la familia, de la que la escuela es auxiliar" [46]. En este sentido se debe tener presente que –como sostiene Carlos Cardona– el derecho del colegio y de los profesores para educar a sus alumnos "viene del encargo que los padres le hacen" [47]. Son los padres los primeros y principales educadores de sus hijos y, por encargo de ellos, el colegio y los profesores colaboran subsidiariamente en esta tarea.

Por lo dicho, **la relación familia-escuela es fundamental en la educación. Los padres deben tener relación con los profesores del colegio.** Por esta razón los colegios deben promover instancias para que los padres se relacionen con el colegio, de manera

42. LEÓN-PARODI, J., *Fundamentación antropológica de la educación desde la filosofía de Leonardo Polo*, p. 383.

43. CARDONA, C., *Ética del quehacer educativo*, p. 40.

44. ALVIRA, T., *Los padres, primeros educadores*, p. 9.

45. SELLÉS, J. F., *Antropología para inconformes*, p. 351.

46. MARITAIN, J., *La educación en la encrucijada*, p. 205.

47. CARDONA, C., *Ética del quehacer educativo*, p. 50.

que el colegio realmente colabore con los padres y no se transforme en un agente educador que desarrolla su labor de forma paralela a lo que se hace en la familia. Los agentes educativos deben educar de manera coordinada para lograr una buena educación, y la forma de coordinar a padres y profesores es que tengan una relación constante, promovida por el colegio.

La relación familia-escuela no se limita a que los padres elijan el colegio para sus hijos, sino que tiene que ser una relación activa en el tiempo. Para esto la comunicación debe ser constante: los colegios deben disponer de instancias para que se promueva esta relación; y los padres deberán participar en ellas o exigirlas, si no se ofrecen. Esto es necesario para que la educación impartida por la familia y el colegio sea armónica.

Sumado a lo anterior, es clave considerar que, **junto con el derecho preferente de elegir el colegio para sus hijos, los padres tienen también el derecho de crear instituciones educativas que colaboren con la educación que quieren impartir.** Esto es así porque, como el colegio es una extensión o prolongación de la familia, serán mejor opción aquellas instituciones cuyo control dependa de las mismas familias involucradas en el proyecto. Por este motivo los colegios deben ser —si es posible socioeconómicamente— instituciones privadas promovidas por familias.

Sin embargo, hay que tener cierta precaución con aquellas instituciones privadas o empresas que son dueñas y administran una gran cantidad de colegios, puesto que pueden traicionar —sin quererlo— su razón de ser. Cada colegio es un proyecto educativo único para las familias que eligen ese establecimiento. Y si bien pueden existir algunos elementos similares entre distintos colegios, no existen dos proyectos educativos iguales en instituciones distintitas, ya que las familias que integran esos colegios nunca serán las mismas. Una posible excepción a esto es la de aquellas instituciones dueñas de colegios que han optado por la educación diferenciada y ofrecen 'parejas de colegios', uno para varones y otro para mujeres. Pero incluso en estas instituciones no se puede asegurar que estén las mismas familias, ya que eligiendo uno de esos colegios para sus hijos varones, los padres perfectamente pueden optar por una institución distinta para sus hijas mujeres, y viceversa. Por consiguiente, es fundamental que estas empresas o redes de colegios "entreguen la suficiente autonomía a sus distintos colegios, para así salvaguardar en el tiempo el motivo de su existencia: la familia es la primera y principal educadora de sus hijos y el colegio es la extensión o prolongación de la familia"[48]. **Las redes de colegios deben procurar orientar y asesorar a los distintos colegios que la conforman, no a disponer directrices rígidas y obligatorias iguales para todos.** Es el Equipo Directivo o Consejo de Dirección el que dirige el colegio, no la red. La red debe elegir muy bien a los directivos que conformen el Consejo y ayudarlos en lo que necesiten, pero no deben dirigir por ellos.

Por otro lado, para salvaguardar el derecho de los padres como primeros y principales educadores de sus hijos, es imprescindible que los colegios no realicen cambios abruptos que hagan variar el proyecto educativo o ideario sin tener el consentimiento de todas las familias del colegio. Cosa que es prácticamente imposible. Un padre que elige un determinado colegio para sus hijos supone, con todo derecho, que ese colegio no modificará su proyecto educativo y los medios para llevarlo a cabo, al menos mientras sus hijos permanezcan en él. Consecuentemente, toda modificación al ideario de un colegio debe hacerse respetando a todas y cada una de las familias que ya forman parte del mismo. La forma de proceder con este tipo de cambios debe ser gradual y cumpliendo con los plazos suficientes para que esto ocurra.

---

48. LEÓN-PARODI, J., *Fundamentación antropológica de la educación desde la filosofía de Leonardo Polo*, p. 385.

B. El rol del profesor como educador

Un colegio, como institución que es, no puede educar directamente a los alumnos, sino que son las personas que lo integran quienes educan. Por este motivo, **es necesario que todos los miembros de la comunidad educativa sean realmente educadores**. El recepcionista –que recibe a los alumnos por la mañana y los despide por la tarde–, los profesores, quienes atienden el comedor, los administrativos, las personas que se dedican a la limpieza de las instalaciones; todos son educadores. Sin embargo, cabe aclarar que **dentro de un colegio el educador por excelencia es el profesor**.

Los profesores son coeducadores, es decir, apoyan subsidiariamente a los padres en la educación de sus hijos. Por consiguiente, "los profesores deben 'imitar' la relación que tienen los padres con sus hijos, ya que la familia es la primera educadora y, consecuentemente, es el modelo para educar"[49]. Los profesores deben querer el bien de sus alumnos, deben ser amigos de ellos. Por tanto, un buen profesor no se conforma con cumplir con lo que tiene que hacer según su contrato, sino que va mucho más allá y se preocupa de la persona de cada uno de sus alumnos. Es decir, vive la virtud de la amistad con cada uno de ellos, queriendo su bien. Esa es la diferencia entre un simple profesor y un profesor-educador: **el profesor-educador da todo lo que puede dar para ayudar a crecer a sus alumnos y sus familias**.

A su vez, **es imprescindible que los profesores que integran un colegio se adhieran al proyecto educativo del mismo**. Esto debe ser así porque los padres eligen un colegio por el proyecto educativo que este ofrece y no por los profesores que trabajan en él, ya que es imposible conocer a todos los profesores de una ins-

49. *Ibid.*

titución educativa antes de ingresar con los hijos en ella. Además, corresponde recordar que **el derecho del profesor de educar a sus alumnos viene dado del encargo que le hace el colegio al contratarlo, y el derecho del colegio viene del encargo de los padres**. Es decir, los padres no hacen este encargo de manera directa al profesor, sino que confían la coeducación de sus hijos al colegio que ofrece un ideario concreto. Por esta razón, **los padres pueden suponer y exigir que todos los profesores que trabajan en un colegio adhieran al ideario que este ofrece**. De ahí se concluye que los directivos escolares deben velar para que sus profesores suscriban y procuren vivir el ideario que ofrecen a las familias que eligen ese establecimiento.

Sobre el ejercicio de los profesores, es importante resaltar que estos deben gozar de un gran prestigio profesional y moral. Todo profesor-educador debe ser un muy buen profesor –que maneje muy bien los conocimientos de su disciplina y que tenga destreza para poder transmitirla con claridad– y una persona recta –que actúe conforme a la moral–. La reputación del profesor es fundamental, puesto que si un docente no tiene prestigio, los alumnos y padres no se dejarán ayudar por él. Además, es importante que este prestigio se dé frente a toda la comunidad educativa: el profesor debe ser bien valorado por sus alumnos, por los otros profesores del colegio y por los padres de sus alumnos. Esto, para que tengan autoridad, la que será fundamental para educar, como se verá más adelante.

Según lo indicado, **la formación de los profesores debe ser una prioridad en el colegio**. El colegio debe dar una formación de excelencia a sus profesores. Pero esta formación no debe limitarse solo en la disciplina que enseñan y en la didáctica para transmitirla, sino que, sobre todo, se les debe formar en *los principios fundantes de la Educación*. La asignatura que imparte cada profesor en los distintos cursos del colegio es una 'excusa' para poder formar a los alumnos que cada profesor tiene en frente: lo relevante no es trasmitir un conocimiento concreto –que los alumnos sepan muy bien historia o química–, sino formar humanamente a los alumnos –orientarlos para que alcancen el máximo crecimiento personal posible–. A esto nos referimos cuando decimos que un profesor tiene que ser un profesor-educador.

Respecto de lo señalado, se puede afirmar que cada profesor tiene que tener un conocimiento profundo sobre el ser humano para poder educar y ser un profesor-educador. Si bien esta formación debe ser impartida en las escuelas de educación, los colegios deben complementarla intensamente. Así lo sugiere Tomás Alvira al considerar que "conseguir una calidad permanente del profesor no requiere sólo atender a su formación mientras está realizando sus estudios, ha de atenderse a una formación continuada del profesor"[50]. Por tanto, se debe concluir que **una de las tareas más importantes de un directivo de colegio será la de formar a sus profesores. De esta manera, se logrará que los profesores que trabajan en un colegio respeten, adhieran y procuren vivir según el ideario del mismo.**

Los directivos escolares deben ayudar a crecer a sus profesores, para que como consecuencia de ese crecimiento estos puedan ayudar a crecer a sus alumnos y familias; porque como se indicó más arriba *no se educa solo con lo que se dice, sino también con lo que se hace: pero, sobre todo, se educa con lo que uno es.* En este sentido se debe afirmar que para ser un buen profesor hay que ser un profesor bueno. Y esto significa, como señala Tomás Alvira, que un buen profesor debe poseer "una serie de *cualidades ordenadas al fin propio de la educación.* Por tanto el profesor que desee tener calidad, que valore con profundidad lo que esto supone para la

50. ALVIRA, T., *Calidad de la educación: calidad del profesor*, Centro Universitario Villanueva, Madrid, 1985, p. 15.

consecución de una educación de calidad, deberá *tener muy claro el fin que persigue y habrá de gustarle perseguir ese fin*"[51]. Un profesor-educador es aquel que orienta con su persona y con su actuar hacia el equilibrio emocional, hacia la adquisición de virtudes y hacia el encuentro íntimo con Dios.

C. El orden en la formación que ofrece el colegio

Como *no se educa solo con lo que se dice, sino también con lo que se hace: pero, sobre todo, se educa con lo que uno es*, y como los padres son los primeros y principales educadores de sus hijos y el profesor coopera subsidiariamente con esa educación, el colegio debe ayudarlos a crecer. **Si los padres y profesores crecen y se perfeccionan en cuanto seres humanos, esto necesariamente repercutirá positivamente en sus hijos y alumnos.** Por este motivo la formación que se imparte en un colegio no se ofrece exclusivamente a los alumnos, sino que también a sus padres y profesores. Este es un encargo que deben sacar adelante los directivos escolares.

La formación que se da a padres y profesores en un colegio debe cumplir con dos requisitos. El primero de ellos es que dicha formación no puede programarse e impartirse de manera utilitarista, esto es, solo como medio para formar mejor a sus alumnos, sino que debe ayudarlos a crecer como personas que son. De todas formas, el crecimiento de los educadores beneficiará, en último término, al crecimiento de los educandos. El segundo requisito lo explicita de buena manera Tomás Melendo, y radica en que la formación que se ofrece a los educadores "no consiste en proveerse de un conjunto de recetas o soluciones ya dadas e inmediatamente aplicables a los problemas que van surgiendo. Ni tampoco

---

51. *Ibid.,* p. 5.

de un racimo de técnicas infalibles. Tales recetas y tales técnicas no existen. Hay, por el contrario, *principios* o *fundamentos* de la educación, que iluminan las distintas situaciones. Los padres deben conocerlos muy a fondo e interiorizarlos"[52]. Esto es clave para formar a los educadores: **no se puede pretender transmitir 'técnicas infalibles' para educar, porque no existen; lo que se debe procurar es entregar una fundamentación sólida para que luego cada educador pueda concretarlo en la práctica.**

Como los padres son los primeros y principales educadores de sus hijos, la formación que el colegio les ofrece debe ser prioritaria para los directivos escolares. Sin embargo, como estos no podrán lograr un trato personal de amistad con todos los padres de un colegio –porque los superarán ampliamente en número– para orientarlos y ayudarlos a crecer, será indispensable que los directivos centren sus esfuerzos en formar muy bien a sus profesores, para que estos, por medio del trato personal de amistad, puedan formar a los padres. A raíz de esto se debe considerar que una de las principales tareas de los directivos de un colegio consiste en formar a sus profesores. El directivo forma al profesor para que el profesor forme a los padres. Por esta razón Carlos Cardona considera que "el buen profesor tiene una doble tarea: educar a los padres –como padres– y a los hijos"[53].

Según lo dicho, **el orden de importancia en la formación que debe seguir un colegio es: padres, profesores y alumnos.** Y el orden cronológico, para procurar el orden de importancia, es: profesores, padres y alumnos. De esto deben hacerse cargo, como se ha dicho, los directivos escolares, que son los encargados de velar para que el colegio cumpla con su objetivo final: ayudar

52. MELENDO, T., *Diez principios y una clave para educar correctamente*, p. 24.
53. CARDONA, C., *Ética del quehacer educativo*, p. 47.

a crecer a los alumnos. Por esta razón, se debe concluir que los directivos tienen que ser expertos en educación, es decir, deben conocer muy bien *los principios fundantes del quehacer educativo*.

3. La sociedad como educadora

Si bien los padres son los primeros y principales educadores de sus hijos, y reciben del colegio el apoyo para realizar esta tarea, cabe precisar que **la educación recibida en la familia y en el colegio se ve influenciada positiva o negativamente por la sociedad donde se vive. El ser humano vive en sociedad y, por consiguiente, su crecimiento se verá influido por ella.** Sin embargo, la sociedad como agente educador no se limita solo a 'influir pasivamente' en el ser humano respecto de la educación que ha recibido en la familia y el colegio, sino que –en rigor– **la sociedad tiene como fin último el 'ayudar a crecer a todos sus miembros', quienes crecen y se ayudan a crecer recíprocamente.** Como bien dice Aristóteles, los hombres "no han formado una comunidad sólo para vivir sino para vivir bien"[54].

A. *La sociedad*

El ser humano no existe, sino que coexiste. Esto quiere decir que **el ser humano no es un ser aislado, sino que es relacional.** Como se estudió más arriba, esta coexistencia se da desde la intimidad de manera personal con el Creador y, también, se da desde de las operaciones manifestativas con el universo –que se logra a través del trabajo y tiene como resultado la cultura– y con los demás seres humanos –que se da por medio de las relaciones

54. Aristóteles, *Política*, III, 1280a.

intersubjetivas, teniendo como resultado la sociedad–. Cada ser humano se ve beneficiado al coexistir con Dios, con el mundo y con los demás seres humanos, puesto que de esta manera crece y se perfecciona.

Teniendo presente la distinción sobre qué –naturaleza humana–, cómo –esencia del hombre– y quién –acto de ser personal– es el ser humano que hicimos al comenzar su estudio como sujeto de la educación, se debe afirmar que el ser humano es natural y esencialmente social. **Es social por naturaleza, ya que sin sociedad no es viable; y es esencialmente social, porque todo ser humano perfecciona su naturaleza por medio de sus relaciones sociales.** Por esta razón Aristóteles lo considera un 'animal político'[55], llegando incluso a afirmar que "el que no puede vivir en comunidad, o no necesita nada por su propia suficiencia, no es miembro de la ciudad, sino una bestia o un dios"[56]. Esto quiere decir que, habiendo personas humanas, siempre habrá sociedad. Desde que hay convivencia humana hay sociedad.

Esta convivencia humana en la sociedad es algo muy particular, ya que el ser humano es aportante y, por consiguiente, todo ser humano aporta a los demás conviviendo con ellos en sociedad. Cada miembro de la sociedad aporta algo distinto al resto, es decir, dentro de la sociedad cada ser humano es un 'individuo' que ejerce su propio rol en ella. Sin embargo, el ser humano no se limita a su rol social, ya que el hombre es *persona*. Como dice Leonardo Polo, "cada ser humano es persona, pues coexiste con los demás, de modo que ser persona es mucho más que ser indi-

---

55. "El hombre es por naturaleza un animal social, y que el insocial por naturaleza y no por azar es o un ser inferior o un ser superior al hombre". *Ibid.,* I, 1253a.; "El hombre es por naturaleza un animal político, y, por eso, aun sin tener necesidad de ayuda recíproca, los hombres tienden a la convivencia". *Ibid.,* III, 1278b.

56. *Ibid.,* I, 1253a.

viduo. Considerarse sólo como individuo es sentirse aislado del resto"[57].

Finalmente, conviene considerar que la sociedad funciona con la cooperación de todos sus miembros en su conjunto, donde las carencias de unos son suplidas por las virtudes de otros. A esto hay que añadir que la sociedad dará un influjo positivo o negativo a las personas que la integran, ayudándoles a crecer o decrecer. De esta manera una sociedad puede ser mejor o peor, dependiendo de la perfección que alcancen sus miembros y cómo la sociedad los ayuda a crecer o no.

B. La relación de la familia con la sociedad

Como la familia es la primera y principal educadora y la sociedad es un agente educador, necesariamente debe existir una relación entre la familia y la sociedad. A este respecto, considera Tomás Alvira que "en la sociedad son las familias las que le dan la «energía» que aquélla precisa para subsistir. Si la vida de cada una de las familias tiene un buen desarrollo, la sociedad formada por ellas se desenvolverá perfectamente, con «energía»; en caso contrario, cuando la familia enferme divorcios, abortos, educación materialista, etc.), la sociedad languidecerá"[58]. Es decir, de **cómo sean las familias dependerá cómo será la sociedad. Lo que quiere decir que el futuro de la sociedad dependerá del presente de la familia**.

Aristóteles considera que la sociedad no nace de un pacto entre distintas personas que se encuentran originalmente aisladas, sino que la sociedad nace de la comunidad de familias[59]. La familia es

---

57. Polo, L., *Ayudar a crecer*, p. 147.
58. Alvira, T., *¿Cómo ayudar a nuestros hijos?*, p. 79.
59. "La comunidad constituida naturalmente para la vida de cada día es la casa, a cuyos miembros Carondas llama «de la misma panera», y Epiménides

el origen de la sociedad y por eso es llamada la 'primera sociedad'. La sociedad surge de la pluralidad de familias, ya que consiste en la interrelación que acontece entre ellas. Por consiguiente, como afirma Donati, "una sociedad está hecha según está hecha la familia: si la familia se rompe, también la sociedad se rompe; si la familia se vuelve líquida, también la sociedad se vuelve líquida"[60]. Lo que quiere decir que la sociedad debe ordenarse a la familia y debe dejarse guiar por ella; motivo por el cual el profesor Sellés afirma que la familia es "la primera sociedad humana, en el tiempo y en importancia"[61].

Paralelamente cabe tener presente que, **si bien la familia influirá positiva o negativamente en la sociedad, también esta última podrá influir positiva o negativamente en la familia**. Así lo resume el sociólogo italiano Pierpaolo Donati: "si es verdad que la sociedad se resiente con los cambios de la familia, es verdad también el contrario, es decir, que la familia resulta potentemente influenciada por los cambios de la sociedad, es decir, de las fuerzas políticas, económicas, culturales que la gobiernan"[62]. Por este motivo, no es indiferente para la familia los programas que promuevan las distintas fuerzas políticas, ya que los cambios sociales que estas impulsen pueden favorecerla o perjudicarla. Y beneficiando a la familia, se beneficiará –como círculo virtuoso– la sociedad. Como se verá en el siguiente apartado, la sociedad como uno de

---

de Creta «del mismo comedero». Y la primera comunidad formada de varias casas a causa de las necesidades no cotidianas es la aldea". ARISTÓTELES, *Política*, I, 1252b.

60. DONATI, P., *La familia como raíz de la sociedad*, Biblioteca de Autores Cristianos, Madrid, 2013, p. XV.

61. SELLÉS, J. F., *Los tres agentes de cambio en la sociedad civil. Familia, Universidad y Empresa*, Ediciones Internacionales Universitarias, Madrid, 2013, p. 28.

62. DONATI, P., *La familia como raíz de la sociedad*, p. XV.

sus medios educativos tiene la ley, por lo que las distintas leyes pueden promover o denigrar a la familia, lo que traerá como consecuencia un beneficio o un perjuicio para la misma sociedad. De manera que **la legislación deberá siempre proteger y promover a la familia.**

Antes de pasar al siguiente apartado y estudiar el rol educador de la sociedad, conviene detenerse brevemente en cómo la familia debe servir de guía para la sociedad. La relación familiar es modelo de las relaciones sociales porque, si bien las relaciones familiares y las relaciones sociales son de distinta índole –puesto que los vínculos familiares son más fuertes que los sociales–, la relación que se da en la sociedad debe procurar ser educativa, esto es, debe lograr que quienes se relacionen en la sociedad crezcan y se perfeccionen. Y como la familia es la primera y principal educadora, las relaciones sociales deben imitar las relaciones familiares, cimentándose en la virtud de la amistad, que se da de manera espontánea en la familia.

C. *Cómo educa la sociedad*

Según se enunció más arriba, Aristóteles considera que el fin de la sociedad es lograr la perfección de sus miembros: "el fin de la política es el mejor bien, y la política pone el mayor cuidado en hacer a los ciudadanos de una cierta cualidad, esto es, buenos y capaces de acciones nobles"[63]. Esto quiere decir, en simples palabras,

---

63. ARISTÓTELES, *Ética a Nicómaco*, I, 9, 1099b. "Es evidente que para la ciudad que verdaderamente sea considerada tal, y no sólo de nombre, debe ser objeto de preocupación la virtud, pues si no la comunidad se reduce a una alianza militar que sólo se diferencia especialmente de aquellas alianzas cuyos aliados son lejanos, y la ley resulta un convenio y, como dijo Licofrón el sofista, una garantía de los derechos de unos y otros, pero no es capaz de hacer a los ciudadanos buenos y justos". *Política*, III, 1280b.

que el fin último de la sociedad es la educación de sus miembros, es decir, ayudarlos a crecer. El ser humano no se reúne en sociedad exclusivamente para poder satisfacer sus necesidades básicas de subsistencia, sino que para crecer y perfeccionarse. A raíz de esto considera José Ignacio Murillo que "la organización adecuada de la sociedad es directamente proporcional a su adecuación al fin de perfeccionar a las personas que la forman"[64].

Para procurar el crecimiento de sus miembros, la sociedad cuenta con –al menos– tres herramientas educativas: la cooperación social, el honor y la ley. El primer medio para que una sociedad promueva el crecimiento de todos sus integrantes consiste en que en dicha sociedad **debe existir cooperación entre sus miembros.** En este sentido advierte Leonardo Polo que las relaciones sociales son "un juego en el que todos juegan y todos ganan. Esta convicción está en la raíz de la pertenencia a un grupo social. Un ser humano pertenece a un grupo social si y en tanto que ese grupo social se beneficia de él, y al revés"[65]. Esto quiere decir que **por medio de las interacciones humanas todos tienen que crecer, todos tienen que ganar. Por ello, en la vida social no debe haber ganadores o perdedores, ya que en la sociedad todos deben ganar.**

Para lograr la cooperación social, es fundamental que en la sociedad exista confianza, ya que –como indica Polo– "cuando nadie se fía de nadie, pierden todos; ni siquiera hay un juego de suma cero, sino de suma negativa: la cosa va a peor, se practica el sálvese quien pueda"[66]. Así no se puede crecer ni se puede ayudar a crecer a los demás. Por este motivo el profesor Sellés considera que "sin veracidad la sociedad es imposible, porque

64. Murillo, J. I., *Invitación a la antropología*, pro manuscripto, p. 242.
65. Polo, L., *Quién es el hombre*, p. 123.
66. *Ibid.*, p. 124.

su gran conectivo es el diálogo, la comunicación, y si se atenta contra la verdad, se produce la incomunicación, y la sociedad se pulveriza"[67].

El segundo medio que tiene la sociedad como educadora es el honor. A este respecto, advierte Leonardo Polo que el ser humano debe "aspirar no sólo a ser mejor, sino a ser considerado como tal, o como formando parte de los mejores, es una tendencia humana muy neta que se observa en todas las sociedades, hasta el punto de que se institucionaliza el conceder o reconocer la excelencia"[68].

Esto quiere decir que **"lo que valora y reconoce positivamente la sociedad es muy importante, puesto que la consideración social tendrá un sentido educativo determinante: si la sociedad valora solo el éxito económico, educará para el éxito económico; pero si la sociedad valora la excelencia humana, educará para esa excelencia"**[69]. Una sociedad que considera valioso hacer trampa sin ser descubierto –salirse con la suya–, educará personas tramposas. Mientras que, si una sociedad valora la puntualidad, educará personas puntuales. Por consiguiente, es muy importante el valor que la sociedad le da a los distintos aspectos de la vida y la forma de vivirlos.

El tercer medio educativo que posee la sociedad es la ley. Aristóteles afirmaba que "los legisladores hacen buenos a los ciudadanos haciéndoles adquirir ciertos hábitos, y ésta es la voluntad de todo legislador; pero los legisladores que no lo hacen bien yerran, y con esto se distingue el buen régimen del malo"[70]. Es decir, **la ley es para la sociedad un medio para lograr que los ciudadanos alcancen la virtud, ya que por medio de ellas se logra pro-**

---

67. Sellés, J. F., *33 virtudes humanas según Leonardo Polo*, p. 65.

68. Polo, L., *Quién es el hombre*, p. 111.

69. León-Parodi, J., *Fundamentación antropológica de la educación desde la filosofía de Leonardo Polo*, p. 405.

70. Aristóteles, *Ética a Nicómaco*, II, 1, 1103b.

mover dichos actos. Por este motivo, considera Leonardo Polo que "la ley implica un valor educativo que es evidente. Se debe seguir lo que nos indican las leyes porque nos educan; el niño connaturalmente aprende a captar el valor de la ley"[71]. Desde que el niño nace y comienza a crecer, la familia tiene que educar por medio de normas. En este sentido, Aristóteles señala que "es difícil encontrar desde joven la dirección recta hacia la virtud, si uno no se ha educado bajo tales leyes, porque la vida moderada y dura no le resulta agradable al vulgo, y principalmente a los jóvenes. Por esta razón, la educación y las costumbres de los jóvenes deben ser reguladas por las leyes, pues cuando son habituales no se hacen penosas"[72]. Lo mismo debe procurarse en los colegios. La ley no busca imponer por la fuerza una manera de actuar, sino que debe pretender un actuar conforme al bien, esto es, que las personas actúen de acuerdo con la virtud. Por este motivo Tomás de Aquino señala que "la ley humana mira principalmente a fomentar la amistad entre los hombres"[73].

---

71. Polo, L., *Ayudar a crecer*, p. 260.
72. Aristóteles, *Ética a Nicómaco*, X, 9, 1179b.
73. Tomás de Aquino, *Summa Theologica*, I-II, q. 99, a. 2.

Capítulo IV

La manera de educar

A continuación procederemos a estudiar el último interrogante de la educación: 'cómo educar', estableciendo la manera en que debe desarrollarse el quehacer educativo. Antes de comenzar con este capítulo, es relevante tener en consideración que en él se realizará una fundamentación filosófica de la práctica educativa desde un punto de vista teórico, sin proponer un programa pedagógico concreto, ni sugerir distintas prácticas educativas en forma de recetas. Es decir, este capítulo tratará sobre ciertas apreciaciones antropológicas de cómo debe llevarse a cabo la educación en la práctica.

Si bien la práctica pedagógica es sumamente amplia, hemos elegido trabajar solo cinco temas, por considerarlos relevantes desde el punto de vista antropológico y porque confluyen armónicamente luego de lo estudiado hasta este momento. Además, muchas de las temáticas que aparecerán aquí –y otras que no trataremos– se encuentran esparcidas a lo largo del texto, cuando hemos tratado los otros tres interrogantes de la educación.

1. La educación personalizada

Si cada educando es una persona única e irrepetible, **la educación debe ser una ayuda a crecer a cada educando, centrándose en su persona. A esto se refiere la educación personalizada**[1]. Educar centrándonos en la persona quiere decir que no se educa a un grupo de personas –sean los alumnos de una sala de clases o los hijos de una familia–, si no que la ayuda a crecer tiene que ofrecerse a cada quién. **Cada educando requerirá de su propia ayuda para poder crecer como la *persona* que *es* y que está llamada a ser.** Por este motivo Carlos Cardona afirma que al educar es necesario "tratar a cada alumno de modo personalizado. No tratarlo como una fracción de multitud, sino como una persona única e irrepetible"[2]. Hay que tratar al educando como lo que realmente es: una persona única e irrepetible.

También Aristóteles considera, al final de la *Ética a Nicómaco*, que "la educación particular es superior a la pública... Parece, pues, que una mayor exactitud en el detalle se alcanza si cada persona es atendida privadamente, pues de esta manera cada uno encuentra mejor lo que le conviene"[3]. Lo que quiere decir el Estagirita es que no es conveniente tratar a los educandos en colectivo, como si fuesen una masa, sino que hay que tratarlos a cada uno según sus necesidades particulares. Aristóteles no conocía el concepto de persona como lo conocemos actualmente gracias a la filosofía cristiana, pero ya intuía que cada ser humano requería

---

1. Víctor García Hoz desarrolla extensamente una teoría sobre la educación personalizada. Cfr. *Educación personalizada*. Para una concreción práctica de esta teoría se puede consultar: ALCÁZAR, J. A. Y JAVALOYES, J. J., *Apuntes para una orientación centrada en la persona*.

2. CARDONA, C., *Ética del quehacer educativo*, p. 30.

3. ARISTÓTELES, *Ética a Nicómaco*, X, 9, 1180b.

algo particular para poder perfeccionarse por medio de las virtudes morales.

Sobre la importancia de la educación centrada en la persona de cada educando, Tomás Alvira sugiere que "es bueno convencerse de que los padres, para ayudar a los hijos, hemos de tratarlos uno a uno, profundamente, intensamente"[4]. A esto añade –esta vez dirigiéndose a los profesores– que *"para ser profesor de calidad se precisa serlo de cada alumno,* con características singulares que deben ser conocidas, lo cual no es fácil y precisa, en primer término, interesarse por ese alumno a quien queremos conocer"[5]. No se puede educar en serie, sino que cada educando crecerá y alcanzará la madurez, siendo *quién es* y *quién está llamado a ser.* Por esta razón **es necesario que la educación sea personalizada, es decir, que la educación se centre en la persona de cada educando, porque si cada persona es única e irrepetible, cada una requerirá de una orientación para sí mismo –una orientación personalizada– para crecer.**

En relación con lo indicado, Altarejos y Naval afirman que "la educación lo es de seres humanos, y no de ningún «hombre» arquetípico; no existe un modelo humano a realizar… cada persona tiene que realizar la humanidad según su propio ser, que es su único modelo de excelencia"[6]. Cada educando requiere de una atención personalizada al ser educado, para crecer de la manera en que él está llamado a hacerlo. Consecuentemente, en la práctica educativa no servirán las recetas o fórmulas preestablecidas para aplicar de manera uniforme a todos los educandos por igual.

Sobre lo dicho, conviene advertir que no porque en una familia o en un colegio se den ciertas prácticas concretas que sirven como

4. Alvira, T., *¿Cómo ayudar a nuestros hijos?*, p. 19.
5. Alvira, T., *Calidad de la educación: calidad del profesor*, p. 10.
6. Altarejos, F. y Naval, C., *Filosofía de la Educación*, p. 15.

medios para educar personalizadamente –dedicarle tiempo exclusivo a cada hijo, las preceptorías o tutorías con alumnos y padres–, se lleva a cabo una verdadera educación centrada en la persona. **La educación personalizada no se reduce a un conjunto de prácticas o técnicas, sino que *es una forma de ser educador*.** Esto tiene dos consecuencias concretas: la primera es que para centrar la educación en la persona de cada quién se debe educar desde, en y para su libertad; y, la segunda, es que la educación personalizada comprende el quehacer educativo como una relación entre personas, que debe estar fundada en la virtud de la amistad.

A. *La educación y la libertad*

Como indica Jacques Maritain, "la educación, esencialmente, no debería tener como objetivo la producción de un tipo humano, sino la liberación de la persona"[7]. Esto quiere decir –según advierte Javier Pérez Guerrero– que la educación personalizada debe pretender "ayudar a las nuevas libertades a ser más libres"[8]. La educación centrada en la persona educa 'desde', 'en' y 'para' la libertad.

La educación '*desde la libertad*' nos viene a señalar que el educando no es para el educador, sino al contrario: el educador es para el educando. **Esto quiere decir que el educador debe respetar la alteridad del educando.** Ni los padres ni los profesores deben pretender que sus hijos o alumnos sean la continuación de ellos mismos. Si cada persona es única e irrepetible, el educador deberá 'desprenderse' del educando, es decir, debe educarlo para que logre ser quien está llamado a ser y no para lo que el educador desearía que fuera. El educando es un 'encargo', no es dominio

7. MARITAIN, J., *La educación en la encrucijada*, p. 137.
8. PÉREZ GUERRERO, J., *Educar mirando a los ojos*, p. 126.

del educador. A este respecto afirma Tomás Alvira que la ayuda que prestan los padres supone "aceptar las características de los hijos procurando que esas características las desarrollen al máximo, en lugar de imaginarnos un hijo como nosotros querríamos que fuera y, después, intentar conseguirlo por todos los medios a nuestro alcance, sin contar para nada con sus posibilidades y con sus limitaciones"[9].

La educación '*en la libertad*' hace referencia a lo que se indicó más arriba sobre la orientación como la ayuda que presta el educador para que el educando pueda crecer. **Educar es 'ayudar a crecer' y el acto por el cual se ayuda a crecer es la orientación, que procura ofrecer un camino para que el educando –en su libertad– pueda seguirlo y crecer por su cuenta.** Si el ser humano 'es' libertad y solo puede crecer por sí mismo, la ayuda no debe 'mover' al educando, sino que debe guiarlo para que este crezca. El educador le muestra al educando 'cómo' crecer, pero no crece por él. Esto excluye, de una vez, la violencia a la hora de educar. En este sentido Leonardo Polo considera que, ante la tentación de restringir la libertad para 'forzar' al educando a realizar el bien, siempre "es preferible que haya libertad, aunque la gente se porte mal, a tratar de implantar la ética a costa de la libertad; tal implantación no es, en modo alguno, la realización de lo ético. En virtud de su libertad, el hombre se puede decidir a mejorar; también se puede decidir a ser malo, cosa que con menos libertad sería más difícil"[10]. Es preferible que exista libertad aunque el educando se equivoque, puesto que sin libertad no se puede decidir mejorar ni hacer el bien. Si no se educa 'en la libertad', el educando no podrá crecer y, por tanto, no habrá verdadera educación. Sin perjuicio de lo indicado, hay que tener presente que la libertad debe ser

9. ALVIRA, T., *¿Cómo ayudar a nuestros hijos?*, p. 15.
10. POLO, L., *Quién es el hombre*, p. 94.

proporcionada de manera progresiva, dependiendo del grado de madurez que vaya alcanzando cada educando. No porque haya que educar 'en la libertad' esto significa otorgar al educando una libertad que no es capaz gestionar. Educar es orientar, y el exceso de atribuciones –aquellas que no es capaz de gestionar el educando por su edad y grado de madurez– omitiría la orientación. Hay que tener presente que la educación es un proceso gradual.

La educación '*para la libertad*' consiste en **que cada educando descubra quién *es* y quién está llamado a *ser*. La educación centrada en la persona debe procurar que cada educando logre conocer el sentido de su propia existencia.** Como se vio más arriba, libertad no quiere decir independencia, sino destinación. La libertad es 'destinarse' a algo o alguien. Si quien está leyendo este texto entra a una cafetería y elige un café con leche, no puede decir que 'ha perdido libertad o no es libre' porque no puede tomar un café americano[11]. Ahora bien, como la persona 'es' libertad –en su acto de ser, en su intimidad personal– la destinación de esta no puede referirse a una cosa, ni siquiera a otra persona humana, porque estas no pueden aceptar enteramente la libertad que uno es. Por este motivo, para Leonardo Polo la verdadera destinación solo puede ser hacia el Creador[12], lo que quiere decir que **una verdadera educación centrada en la persona para la liber-**

---

11. Ese acto es fruto del libre albedrío, que es adquirido, pero el origen de este es la libertad nativa y de destinación que cada persona es. La nativa mira al origen de quien la ha otorgado; la de destinación mira a alguien que pueda aceptar enteramente la libertad personal, no es tener un panorama abierto de opciones.

12. "La libertad está en lo más profundo de mi *ser*. Primariamente, está en mi *esse*... Y el destino de la libertad es algo más que el fin: es Dios. Porque la libertad de destinación sólo puede ser hacia Dios". POLO, L., *Artículos y conferencias*, p. 204. En su *Antropología trascendental* Leonardo Polo escribe: "a la aceptación del don divino la llamo *libertad personal nativa*. Al dar que busca aceptación lo llamo *libertad personal de destinación*. Como aceptación,

tad, necesariamente, orienta al educando para que alcance su encuentro íntimo con Dios.

B. La virtud de la amistad en la relación educando-educador

Para lograr una educación centrada en la persona –y educar desde, en y para la libertad– **la educación deberá darse por medio de una relación interpersonal, es decir, consistirá en un encuentro entre el educando y el educador.** Así lo considera Tomás Alvira, quien señala que al educar se ve "la necesidad de *conocer* a cada uno de nuestros hijos, para lo cual hemos de relacionarnos con ellos, pero no con una relación abstracta, sino poniendo las dos vidas –la del hijo y la nuestra– una junto a la otra y, para ello, saltar, traspasar la capa superficial que envuelve a cada hijo para meternos dentro de él"[13]. **De esta relación entre el educador y el educando dependerá la calidad de la educación.**

Si, como se señaló más arriba, el educador no puede conocer la intimidad de su educando –porque la intimidad de cada persona solo puede ser conocida por Dios– y la virtud de la amistad es la forma más alta de relacionarnos entre seres humanos –los lazos interpersonales se dan a través de las manifestaciones operativas y la manifestación operativa más alta es la virtud de la amistad–, **la relación educativa educando-educador debe estar fundada en la virtud de la amistad. El educador que posea la virtud de la amistad podrá 'acercarse' a la intimidad de su educando y lo podrá orientar según es y está llamado a ser. Solo si existe verdadera amistad el educando abrirá su intimidad al educador. Por este motivo, la educación centrada en la persona,**

la libertad personal nativa se extiende a la esencia del hombre", *Antropología trascendental*, p. 249, nota 5.

13. ALVIRA, T., *¿Cómo ayudar a nuestros hijos?*, p. 74.

necesariamente, deberá fundarse en la virtud de la amistad: el educador debe 'querer el bien del otro, al que considera como otro yo'. El que quiere el bien del otro, lo ayuda a crecer. Por esta razón Tomás Alvira considera que "conseguida una verdadera amistad estamos en las mejores condiciones para educar en y para la libertad, es decir para realizar una verdadera educación"[14]. La virtud de la amistad es fundamental para lograr una verdadera educación centrada en la persona.

Aristóteles considera que la virtud de la amistad no puede darse sin el trato mutuo entre los amigos[15]. Para que exista amistad debe existir diálogo, por lo que es conveniente que el educador –tanto padres como profesores– hable periódicamente con su educando. En este sentido Javier Pérez Guerrero advierte que "la educación personalizada se ejerce en diálogo, se encauza a través de él, y se dirige a él"[16]. Y este diálogo deberá fluir a través de la virtud de la veracidad, que es un requisito para que el diálogo sea fructífero y pueda llevar a la virtud de la amistad. En esta línea, conviene indicar que para lograr una verdadera educación centrada en la persona no hay que mentirle al educando ya que, como explica Víctor García Hoz, la mentira "corta los vínculos de comunicación y esclaviza la propia personalidad, porque la encierra en el cerco del miedo"[17]. Se hace hincapié en esto, puesto que en algunas ocasiones el educador puede caer en la tentación de mentir al educando –particularmente cuando es pequeño– para evitar dar ciertas ex-

---

14. Alvira, T., *Los padres, primeros educadores*, p. 37.
15. "Tales amistades requieren tiempo y trato, pues, como dice el refrán, es imposible conocerse unos a otros «antes de haber consumido juntos mucha sal», ni, aceptarse mutuamente y ser amigos, hasta que cada uno se haya mostrado al otro amable y digno de confianza". Aristóteles, *Ética a Nicómaco*, VIII, 3, 1156b.
16. Pérez Guerrero, J., *Educar mirando a los ojos*, p. 44.
17. García Hoz, V., *La educación del estudiante en la familia*, p. 146.

plicaciones que son incómodas, para convencerle de que haga algo
que el educador quiere que haga, por inseguridad del educador que
no sabe cómo enfrentar ciertos asuntos, por mera utilidad o para
dar explicaciones de manera rápida y caprichosa[18]. Sin embargo,
mentir siempre es tremendamente nocivo para la educación, puesto
que de esta forma el educando perderá la confianza en el educador,
y sin confianza no se puede educar de manera personalizada.

2. El ejemplo del educador

Aristóteles advierte que **"imitar es algo connatural a los
hombres desde que son niños, y en eso se diferencian de los
restantes seres vivos: en que el hombre es el ser más proclive a
la imitación y adquiere los primeros conocimientos mediante
la imitación"**[19]. De similar opinión es Tomás de Aquino, quien
considera que "en las acciones y pasiones humanas, en las que la
experiencia vale muchísimo, mueven más los ejemplos que las
palabras"[20]. Es por este motivo que más arriba se afirmó que *no
se educa solo con lo que se dice, sino también con lo que se hace: pero,
sobre todo, se educa con lo que uno es.*

Tomás Alvira considera que *"la ejemplaridad es esencial para la
educación"*[21]. Esto quiere decir que el educador debe procurar vivir
lo que quiere educar en su educando. Desde mi punto de vista,
esta es una de las cosas más difíciles para un educador, puesto que
para lograr serlo hay que crecer en eso que queremos que crezca
nuestro educando. Un padre que mantiene la paz frente a las ad-

18. Cfr. *Ibid.*, p. 147.
19. Aristóteles, *Poética*, 1448b.
20. Tomás de Aquino, *Summa Theologica*, I-II, q. 34, a. 1.
21. Alvira, T., *Calidad de la educación: calidad del profesor*, p. 10.

versidades orienta a su hijo hacia la reciedumbre más eficazmente que otro que le dice constantemente al hijo que hay que saber cómo reaccionar ante los problemas pero no actúa en consecuencia. O un profesor que hable magistralmente sobre la puntualidad pero que llega siempre tarde a sus clases, orienta menos en dicha virtud que uno que siempre es puntual y jamás ha mencionado esa palabra con sus alumnos.

Además, es importante tener presente que los niños y adolescentes se dan cuenta de muchas más cosas de las que nosotros los adultos pensamos. Los niños y adolescentes lo ven todo. Por tanto, ¿qué educará un padre que va a exceso de velocidad por la carretera y solo la disminuye cada vez que una aplicación del teléfono móvil le dice que hay un policía controlando la velocidad? Ese padre le está diciendo a su hijo que puede saltarse las normas para su propia conveniencia, siempre que no lo descubran. Aunque se pase todo el día diciendo que hay que cumplir las reglas, no educa para eso. No es de extrañarse que ese hijo, luego, haga trampa en algún juego para poder ganar o que copie en algún examen para obtener una buena calificación. Es por este motivo que Romano Guardini advierte que "el educador debe ser plenamente consciente de que la más fuerte de las influencias que ejerce no procede de lo que dice, sino de lo que es y hace... lo que más influye es la forma de ser del educador; lo segundo, lo que hace, y sólo en tercer lugar lo que dice"[22].

Por lo dicho, **el crecimiento de los educadores es fundamental para que estos puedan a su vez ayudar a crecer a sus educandos.** Por esto se explicitó más arriba que el colegio debe ofrecer formación a los padres y profesores que forman parte de la comunidad educativa, y que este es el encargo primordial de los directivos escolares.

---

22. GUARDINI, R., *Las etapas de la vida*, 9ª edición, Ediciones Palabra, Madrid, 2022, p. 58.

3. Disciplina, autoridad y corrección en la educación

A. *La verdadera autoridad*

Al educar se debe buscar que el educando alcance cierta disciplina, es decir, que logre cierto dominio de sí mismo para poder crecer. Bajo este respecto, conviene tener presente que la palabra disciplina viene del latín *disciplina*, que significa aprendizaje, instrucción, educación, estudio[23]. Por tanto, esta palabra no debe concebirse de manera negativa. Como advierte Víctor García Hoz, "el dominio de sí mismo es una condición exigida por la disciplina interior y al mismo tiempo está en el fondo del quehacer educativo. La educación aspira a que exista un orden interno en la persona, constituido por la capacidad y rectitud de criterios para descubrir el bien y el mal en las acciones, y por la fuerza de voluntad –energía interior– para hacer lo que se debe en cada ocasión"[24]. La disciplina no debe confundirse con la violencia.

Tradicionalmente se ha hablado de tres modelos parentales o estilos educativos: el modelo autoritario, el modelo permisivo y el modelo autoritativo o de autoridad[25]. El primero de ellos es aquel modelo que procura lograr una conducta por medio de la violencia –sea física o emocional–, para que a toda costa el niño se discipline. Frente a este modelo –tan usado antiguamente– aparece el estilo permisivo que deja que los niños hagan lo que a ellos les apetezca. Es como si los educadores renunciaran a su tarea de educar. Evidentemente esta manera de educar es poco efectiva, puesto

---

23. Cfr. Segura, S., *Nuevo diccionario etimológico Latín-Español y de las voces derivadas*, p. 224.

24. García Hoz, V., *La educación del estudiante en la familia*, p. 165.

25. Baumrind, D., "Early Socialization and Adolescent Competence", en S. E. Dragastin y G. H. Elder, eds., Adolescence in the Life Cycle (Nueva York: Wiley, 1975), p. 130. Citado por Lickona, T., *Carácter*, p. 67.

que si el educando se deja llevar por sus apetitos no podrá lograr la más mínima disciplina. El permisivismo es antieducativo,
puesto que da como resultado niños y adolescentes consentidos,
y –como observan Menchén y Melendo– "el niño consentido se
convierte en el niño «tirano», que usará el arma de las rabietas para
alcanzar lo que se le antoje"[26]. Finalmente, nos encontramos con
**el modelo autoritativo o de autoridad, que es aquel estilo que
procura educar con normas y cariño, basados en la autoridad
del educador.** En palabras de García Hoz: "la autoridad se ejercita
movida por el amor. Y podría decirse, complementando la anterior
idea, que con amor se reciben los servicios de la autoridad"[27]. Del
mismo parecer es Tomás Alvira, quien considera que "se puede
armonizar perfectamente la autoridad paterna, que la misma educación requiere, con un sentimiento de amistad, que exige ponerse
de alguna manera al mismo nivel de los hijos"[28]. **La autoridad es
propositiva y amable, y dista mucho del autoritarismo, que
busca imponerse por la fuerza.**

Para poder ejercer el modelo autoritativo o de autoridad, es
relevante distinguir la autoridad de la potestad. La autoridad hace
referencia al prestigio de una persona influyente[29], mientras que
la potestad significa poder o soberanía[30]. En este sentido aclara

---

26. Menchén, B. y Melendo, T., *Quiénes son nuestros hijos y qué esperan
de nosotros*, p. 168.
27. García Hoz, V., *La educación del estudiante en la familia*, p. 121.
28. Alvira, T., *Los padres, primeros educadores*, p. 35. Por este motivo afirman
Altarejos y Naval que "la potestad debe subordinarse a la autoridad en el juego de
la convivencia social. El que sabe –el que tiene autoridad– aconseja u opina sobre
lo que debe hacerse; pero corresponde a otro disponer la ejecución del consejo
mediante la orden o el mandato impelente". *Filosofía de la Educación*, p. 142.
29. Cfr. Segura, S., *Nuevo diccionario etimológico Latín-Español y de las
voces derivadas*, p. 67.
30. *Ibid.*, p. 582. Potestad viene del latín *facultas*, que significa capacidad,
poder, fuerza: *Ibid.*, p. 280.

Tomás Alvira que "no es lo mismo *poder* que *autoridad*. El poder se detenta por razón de paternidad, la autoridad se gana por el prestigio. El prestigio lo concede una vida virtuosa y entregada a los demás, en este caso a los hijos. Cuando el poder no va unido a la autoridad, resulta un poder brusco e irrazonable que los hijos instintivamente –es un caso muy frecuente– rechazan en la vida corriente"[31]. La potestad del profesor es la que le viene por el hecho de estar contratado por el colegio para trabajar como tal, pero su autoridad le viene dada por ser un buen profesor –sabe lo que enseña y cómo enseñarlo– y por su coherencia de vida –su actuar conforme al bien–. Lo mismo ocurre con los padres: la potestad de los padres les viene dada por ser los progenitores de sus hijos –quien no recuerda el argumento 'me haces caso porque soy tu papá y al papá se le hace caso'–, pero la autoridad la ganarán los padres por la coherencia entre lo que dicen y lo que hacen, por el cariño y por la preocupación demuestren. Por este motivo, los educadores –tanto padres como profesores– deberán tener prestigio frente a sus educandos.

B. *La corrección y la capacidad de rectificar*[32]

El ser humano no tiene libertad, sino que es libertad. Esto tiene como consecuencia que **toda persona, al actuar, mantiene la libertad sobre su decisión, ya que tiene la capacidad de rectificar o ratificar su actuación: el hombre siempre mantiene la posibilidad de arrepentirse o de confirmar su decisión**. En palabras de Leonardo Polo: "la libertad se conserva respecto de

---

31. ALVIRA, T., *Los padres, primeros educadores*, p. 32.
32. Parte de este epígrafe se encuentra publicado en León-Parodi, J., *Fundamentación antropológica de la educación desde la filosofía de Leonardo Polo*. Sin embargo, para dar coherencia al texto, se añaden algunos cambios.

las decisiones. Si la decisión puede ser ratificada, es una libertad sobreañadida a la libertad que se ejerció con la decisión, y ésta respecto de la ratificación es un pasado respecto de una instancia más actual que ella. La ratificación debe añadir algo a la decisión, y lo que se añade es la característica de que la consideramos adecuada y entonces la decisión es justa, correcta"[33]. Es decir, el ser humano mantiene la libertad sobre su actuación y podrá ratificarla o rectificarla una vez ya ejecutada. Esto ocurre porque se encuentra completamente abierto hacia el futuro, no se sujeta jamás al pasado.

Por lo indicado es que al educando hay que enseñarle a decidir responsablemente. Esto se logra por medio de la corrección. El educador debe corregir al educando cuando no actúa según lo esperado. Incluso, en alguna oportunidad esta corrección lleva aparejada una consecuencia, la cual, para que tenga un valor educativo, debe ser explicada según la edad del educando. A su vez, esta consecuencia debe realizarse con cariño y de manera proporcionada a la falta cometida. La corrección enseña al educando que cuando hace algo que no está bien, este debe arrepentirse y rectificar la acción cometida, mostrándole el valor de tal arrepentimiento y del perdón.

Respecto de lo señalado, cabe aclarar dos asuntos referentes a la corrección y la consecuencia que puede traer aparejada. En primer lugar, es relevante que la consecuencia tenga una conexión –una relación lógica– con la acción cometida, declara García Hoz[34]. Del mismo parecer es Francisco Altarejos, quien sugiere que **el castigo tiene que ser una consecuencia lógica de la ac-**

---

33. POLO, L., *Lecciones de ética*, p. 83.
34. "Los castigos no deben ser otra cosa que los resultados naturales de la conducta, porque la naturaleza misma se encarga de castigar a quien hace mal uso de las cosas". GARCÍA HOZ, V., *La educación del estudiante en la familia*, p. 170.

ción reprochable cometida por el educando[35]. Por ejemplo, no se debe dejar sin jugar con sus juguetes al niño porque no quiere comer verduras, ya que el jugar con sus juguetes no se relaciona directamente con la comida. En este caso concreto, lo correcto sería que, si no quiere comer verduras –es porque no tiene hambre–, entonces, se deben guardar las verduras y el postre (que generalmente le gusta más a los niños) para después, para cuando tenga hambre. De esta manera se evitarán los caprichos al comer, ya que se le estará enseñando que no se come únicamente por lo sabrosa que es la comida –por gusto–, sino porque es buena para su crecimiento y nutrición –para alimentarse–. Si bien tradicionalmente se ha hablado de 'castigo', conviene dejar de lado esta expresión –que tiene una connotación negativa– y hablar de 'consecuencias'. Así se deja claro, que la corrección no tiene un carácter punitivo, sino que busca orientar al educando para que sea responsable de su actuar. La palabra castigo, no solo significa reprender, sino que también corregir y enmendar. Es en este último sentido en que debe entenderse de cara a la educación[36]. Y, en segundo lugar, **es importante que la corrección no responda meramente al resultado de la acción, sino que se considere también el proceso para llegar a ella.** Por ejemplo, no se debe corregir a un estudiante por obtener una mala calificación, sino que la corrección debe apuntar a la falta de estudio y esfuerzo. Lo mismo debe ocurrir al alabar o premiar una acción buena. Como sugieren Menchén y Melendo, "conviene evitar que se actúe para lograr el premio… *si no están dispuestos a hacer algo sin premio, es*

---

35. "Es dudoso que sirvan de ayuda a la reflexión ciertas sanciones que nada tienen que ver con la actuación que las ha originado; por ejemplo, el premio monetario por las buenas calificaciones escolares, o la prohibición de jugar por unas malas". Altarejos, F., *Educación y felicidad*, p. 69.

36. Cfr. Segura, S., *Nuevo diccionario etimológico Latín-Español y de las voces derivadas*, p. 104.

preferible que no lo hagan"[37]. Por tanto, advierte Pérez Guerrero, "premiar el acierto y sancionar el error es una estrategia educativa que debe ser objeto de una profunda reflexión y revisión"[38]. De lo contrario, el educador correrá el riesgo de caer fácilmente en el conductismo.

Es necesario tener presente que los premios y los castigos deben evitarse. Así lo sugiere Millán Puelles, quien señala que "quien actúa únicamente por el deseo del premio, o por el miedo al castigo, no se comporta de acuerdo con la virtud"[39]. El motivo de esto es que **si se actúa por el deseo de un premio o por el miedo a un castigo, no se genera una verdadera disposición interior para querer hacer el bien, sino que se obra movido por los apetitos: "afectan al apetito irascible (castigos), y concupiscible (premios)"**[40]; advierte Concepción Naval. Y cabe recordar que los apetitos son lo inferior en el hombre. En este sentido, afirma Catherine L'Ecuyer que "si el niño hace algo para quedar bien con el educador, o para tener una recompensa a cambio, cuando desaparezca el educador o la recompensa, dejará de hacerlo. A lo mejor lo que hace el niño es bueno, pero no es un comportamiento interiorizado, hecho suyo"[41]. De esta misma opinión es Richard Stanley Peters, quien considera que por medio del premio y del castigo no hay un verdadero proceso educativo, ya que "su conexión con lo que se aprende es puramente extrínseca"[42].

37. MENCHÉN, B. Y MELENDO, T., *Quiénes son nuestros hijos y qué esperan de nosotros*, p. 204.

38. PÉREZ GUERRERO, J., *Educar mirando a los ojos*, p. 235.

39. MILLÁN PUELLES, A., *La formación de la personalidad humana*, p. 205.

40. NAVAL, C., *Educación, Retórica y Poética*, p. 323. Además, agrega como nota al pie que ese bien es "Útil o deleitable, aunque no honesto". *Ibid.*, nota 470.

41. L'ECUYER, C., *Conversaciones con mi maestra*, p. 43.

42. PETERS, R. S., *El concepto de educación*, Editorial Paidós, Buenos Aires, 1969, p. 28.

Respecto de lo anterior, señala Jacques Maritain que "al niño no se le debería pedir nada sin una explicación previa y sin asegurarse de que ha comprendido"[43]. Del mismo parecer es Víctor García Hoz, quien sostiene que "el gran medio para el refuerzo de los factores positivos y para la eliminación de los negativos es la conversación con el muchacho, a fin de provocar en primer lugar su reflexión sobre el acto realizado, de tal suerte que se forme un juicio de por qué está mal o por qué está bien"[44]. No hay que subestimar la capacidad que tienen los niños de entender lo que es bueno para ellos. Además, en la conversación siempre es necesario cuidar las formas. Como dice García Hoz, "tono y gestos son formas de lenguaje no verbal que, sin embargo, influyen en la significación de las palabras. Con un tono cariñoso se pueden hacer advertencias muy graves; con gritos se puede echar a perder la argumentación más razonable"[45]. **Hay que corregir de manera amable, y razonando, para calar hondo en la disposición interior del educando.**

Sobre la corrección, conviene señalar que esta es una práctica educativa muy importante, y que, como se desprende del pensamiento de Aristóteles, se fundamenta en el amor que los padres le tienen a los hijos[46]. Así lo considera Leonardo Polo al afirmar que "por amor al hijo hay que educarlo, hay que corregirle. De lo contrario, ni se le criaría ni se le educaría"[47]. Es fundamental tener

43. MARITAIN, J., *La educación en la encrucijada*, p. 27.
44. GARCÍA HOZ, V., *La educación del estudiante en la familia*, p. 171.
45. *Ibid.*, p. 87.
46. "La amistad de hombres buenos es buena, y crece con el trato, y parece incluso que se hacen mejores actuando y corrigiéndose mutuamente, porque toman entre sí modelo de lo que les agrada, de aquí la expresión: «los hombres buenos aprenden de las cosas buenas»". ARISTÓTELES, *Ética a Nicómaco*, IX, 12, 1172a.
47. POLO, L., *Ayudar a crecer*, p. 187.

presente esto, porque actualmente la corrección no es bien vista en el ámbito educativo, donde abunda el estilo permisivo, que permite a los niños hacer lo que les apetezca. Sin embargo, esto no quiere decir que haya que castigar constantemente a los educandos, ni suplir las razones por castigos de manera autoritaria.

Para fundamentar lo señalado, conviene tener presente que corregir no es responder con un mal al que se ha equivocado, sino que se busca que el educando rectifique su mal actuar. En este sentido, corresponde sostener que es distinto comprender la debilidad del educando y ayudarlo como él necesita ser ayudado –exigirle según *quién* es–, que no exigir y no corregir, donde indirectamente se renuncia al cuidado y la educación del hijo. Esto último denotaría falta de amistad –falta de amor–, ya que no interesa cómo crece el otro[48]. En esta línea, Leonardo Polo señala que la tolerancia, "siempre que no sea debilidad, está justificada, pero no se debe confundir con la indiferencia. Una cosa es no exigir demasiado a alguien, disculpar su flaqueza, y otra alegar que los demás no están a mi cuidado sin más, o que cada uno sólo debe cuidar de sí"[49]. Además, hay que tener presente que hay ciertas conductas que son propias de los niños, particularmente cuando son pequeños y no han alcanzado el uso de razón. No se puede exigir a un niño el mismo comportamiento que se exige a un adulto. Es propio de un niño actuar como tal. Incluso, se debe sostener que es deseable que los niños actúen como lo que son: niños. Como dice Romano Guardini: "el niño no existe meramente para convertirse en adulto, sino también, o mejor dicho, en primer lugar, para ser él mismo, a saber, un niño y, como niño, un ser humano"[50].

---

48. Cfr. POLO, L., *Quién es el hombre*.
49. *Ibid.*, p. 121.
50. GUARDINI, R., *Las etapas de la vida*, p. 53.

Conviene recordar también que en la educación no puede jamás faltar la virtud de la amistad –porque la amistad es la virtud del educador, no lo olvidemos–. Por este motivo, afirma Leonardo Polo que "al amigo no se le deja sólo si incurre en errores de cierta gravedad, sino que se le corrige... La corrección amistosa intenta directamente restablecer la limpidez de la conducta del amigo"[51]. Es decir, la corrección proviene del amor al otro. El que corrige lo hace porque quiere que el otro mejore, porque quiere que crezca. En definitiva, el educador que corrige busca el bien del educando.

4. La educación para el trabajo

Corresponde hablar sobre la educación para el trabajo, ya que lamentablemente la práctica educativa se ha ido convirtiendo en un proceso centrado en lograr profesionales productivos para el mercado laboral. Muchos centros educativos se dedican exclusivamente a preparar a sus estudiantes para que rindan un examen de ingreso a la universidad. Y muchos padres se limitan a elegir el colegio para sus hijos mirando el ranking elaborado con los resultados de dicha prueba. Sin embargo, esta visión limita enormemente lo que debiera ser la educación para el trabajo.

Antes de profundizar en la educación para el trabajo, conviene esclarecer un asunto muy relevante para Leonardo Polo respecto del mismo: la distinción clásica entre *práxis* o *agere* y *poiesis* o *facere*. Polo advierte que esta distinción "comporta una separación demasiado aguda: la *praxis* se orienta al fin del hombre, mientras que la *poiesis* está dirigida al bien de la obra. De aquí se sigue que la *poiesis* no perfecciona al hombre, de manera que los malos pueden ser hábiles productores, y las obras eficazmente realizadas al

---

51. POLO, L., *Antropología trascendental*, p. 475.

margen de su valor moral"[52]. Si esta distinción se mantiene rígida, el trabajo queda descalificado como algo que no ayuda a crecer al ser humano. Sin embargo, Leonardo Polo considera que "si con la actuación buena el hombre adquiere virtudes, también con el trabajo las logra"[53]. Es decir, **la educación para el trabajo ayuda a desarrollar la formación del carácter.** El trabajo humano, tiene dos efectos: el resultado poiético, la obra material y externa realizada, y el resultado práxico, que es la perfección que el que obra ha logrado con su trabajo. En este sentido, la práxis y la póiesis pueden ser consideradas como dos caras de una misma moneda. De esta manera el trabajo pasa a ser una tarea por medio de la cual el ser humano se perfecciona como tal.

A su vez, conviene recordar que cada *persona* es única e irrepetible, coexistiendo con el mundo por medio de su trabajo, no solo puede crecer, sino que también podrá aportar algo distinto a lo que pueden aportar los demás hombres: *cada quién* está llamado a su propia misión *íntima*; y a esta misión *íntima* se le llama '*vocación*'. Dentro de esa misión se encuentra el trabajo de cada *persona*: dos *personas* que realizan el mismo trabajo, aportan cosas distintas. Cada *persona* es aportante, y una de las formas que tiene de aportar es por medio del ejercicio de su trabajo profesional. A su vez, por medio de esa coexistencia con el mundo a través del trabajo el ser humano genera dones de amor que ofrece a Dios para coexistir amorosamente con Él. Y dicha generación del don se realiza por medio de la vocación personal, de modo que se debe considerar el trabajo como uno de los ámbitos donde *cada quién* cumple con su vocación *personal*. Por este motivo a la profesión que ejerce cada ser humano se le denomina '*vocación profesional*'. Además, como el hombre pasa gran parte de su vida trabajando,

52. *Ibid.*
53. POLO, L., *Epistemología, creación y divinidad*, p. 138.

también será en el trabajo donde –en gran medida– generará los dones de amor que ofrecerá a Dios para coexistir amorosamente con Él. Por esto es fundamental educar para el trabajo.

Teniendo en cuenta lo señalado, corresponde detenernos ahora en cómo debemos educar para el trabajo. En este contexto, **la educación para el trabajo debe procurar iluminar su verdadero sentido: no se trabaja solo por el producto que se obtiene de él –el sueldo o el prestigio–, sino que para coexistir amorosamente con el Creador, para crecer como ser humano y para aportar algo a los demás.** Como consecuencia de esto, es importante que la educación escolar no caiga en el 'academicismo', esto es, en el propósito exclusivo de lograr resultados académicos destacados, sin un objetivo trascendente. En otras palabras, hay que cuidarse de poner un excesivo énfasis en los resultados académicos, ya que de lo contrario se educará para el éxito profesional, esto es, se educará para la productividad. En este sentido, señalan Altarejos y Naval que "el perfeccionamiento humano no puede ceñirse a la dimensión laboral de la vida, por muy importante que ésta sea"[54]. O como expresa Víctor García Hoz: la educación no puede reducirse a formar buenos técnicos[55]. Este es un gran riesgo que traen aparejadas las pruebas estandarizadas: transformar el proceso educativo en la preparación a una prueba.

El academicismo es muy peligroso, ya que como el trabajo trae consigo la adquisición de virtudes, al estar frente a una educación centrada exclusivamente en lo académico, habrá un 'espejismo' de una buena educación del carácter, porque aparentemente habrán alumnos virtuoso. Por esto hoy en día existen tantos 'profesionales exitosos', 'supuestamente virtuosos',

54. Altarejos, F. y Naval, C., *Filosofía de la Educación*, p. 37.
55. Cfr. García Hoz, V., "La formación de la persona: puntos de referencia para su estudio".

pero que fracasan en los demás ámbitos de sus vidas –en su familia, en las relaciones con los demás–, porque desde la educación escolar –intensificado luego en la universidad– solo han adquirido competencias circunscritas únicamente al desarrollo de un trabajo profesional. Estas 'competencias' para ser un profesional productivo aparentan ser virtudes morales. Sin embargo, si al educar en el trabajo no se orienta sobre su verdadero sentido se pierde el tiempo, porque ese trabajo no tendrá una repercusión positiva en quien lo desempeña. Cabe sostener que el trabajo es para el hombre y no el hombre para el trabajo. La educación para el trabajo debe lograr unir finamente la *póiesis* con la *práxis*, de manera que el resultado sea de profesionales que puedan trabajar bien y, a la vez, trabajar con un sentido trascendente. En este sentido Maritain afirma que "la educación del mañana debe poner fin a la separación entre trabajo o actividad útil y el florecimiento de la vida espiritual y el gozo desinteresado nacido del conocimiento y de la belleza"[56]. Así pues, la educación para el trabajo no consiste en capacitar técnicamente a los futuros profesionales, sino que también debe procurar formar hombres íntegros: moralmente éticos y con un profundo sentido de trascendencia. De manera que el buen profesional se dará como consecuencia de una buena educación, ya que un hombre bien educado –un hombre maduro–, será un buen profesional.

Finalmente, es necesario detenerse en un aspecto importante sobre la formación para el trabajo: el ejemplo de los padres. Los padres como primeros y principales educadores de sus hijos necesitan mostrarles el verdadero sentido del trabajo. En este sentido, advierte Tomás Alvira que "los padres que tienen un hondo concepto de la dignidad del trabajo y viven con alegría el sacrificio que a veces lleva consigo, están en mejores condiciones para señalar a

---

56. MARITAIN, J., *La educación en la encrucijada*, p. 125.

sus hijos caminos de laboriosidad"[57]. En cambio, los padres que se quejan constantemente del cansancio del trabajo, los que se fijan solo en el resultado monetario del mismo, y los que 'viven para trabajar y no trabajan para vivir' –esto es, que su vida gira en torno a su trabajo profesional–, no educarán a sus hijos para el trabajo.

5. Ayudar a 'hacer' para dar seguridad

A. Participación del educando

El crecimiento, si bien requiere de una ayuda externa para lograrse adecuadamente, depende del actuar de cada ser humano. Nadie puede crecer sin ayuda, pero tampoco nadie puede crecer por otro, es decir, nadie puede sustituir al otro en su crecimiento. El que crece es el educando, el educador solo puede orientar ese crecimiento. Esto es así porque –como advierten Altarejos y Naval– *"el principal y verdadero agente de la educación es el educando, siendo el educador agente secundario o ministerial"*[58].

Lo anterior quiere decir que el educador es solo un facilitador –presta su ayuda, orienta–, mientras que el educando es realmente el sujeto activo de su propio crecimiento. El educador no puede crecer en lugar del educando, solo lo asiste por medio de la orientación. Bajo esta premisa Tomás Alvira afirma que "los padres deben tener muy en cuenta que esa ayuda debe ir acompañada siempre del *esfuerzo* del ser a quien se presta... simplemente supone guiarlo, prestarle colaboración para hacerla, contando siempre con el esfuerzo del hijo a quien ayudamos"[59]. En este sentido, Leo-

57. ALVIRA, T., *Los padres, primeros educadores*, p. 14.
58. ALTAREJOS, F. Y NAVAL, C., *Filosofía de la Educación*, p. 100.
59. ALVIRA, T., *¿Cómo ayudar a nuestros hijos?*, p. 13.

nardo Polo considera que el educando debe aprender haciendo: "a hacer se aprende haciendo"[60]. Por este motivo para Polo "es recomendable que al niño se le ayude a enfrentar retos y dejarlo solo cuando ya sepa encarar la situación"[61]. **Esto quiere decir que es conveniente que el niño –y, por supuesto, el adolescente– sea lo más autónomo posible, aunque se equivoque. Obviamente esta autonomía tiene que ser gradual, dependiendo del grado de desarrollo en que se encuentre el educando.** Un niño de dos o tres años es perfectamente capaz de llevar las prendas que usa al canasto de la ropa sucia. Y un niño de cuatro o cinco años se encuentra capacitado para bañarse solo. Claramente ambas cosas requerirán de la supervisión –orientación– de sus padres, pero estos no deben hacer las cosas por sus hijos, sino no los ayudarán a crecer.

Que el educando gane en autonomía –también en responsabilidad y servicialidad– es el objetivo que tienen los encargos, esto es, las tareas que se encomiendan a cada educando para que se hagan cooperadores del funcionamiento del hogar –en su familia– o de su clase –en el colegio– de manera responsable. Ese es el sentido de los encargos: darle cierta autonomía y responsabilidad al niño o adolescente. Estos encargos deben adaptarse a cada hijo o alumno, teniendo en cuenta sus características, y deben ir exigiendo de manera progresiva.

B. *Seguros de sí mismos*

Como el crecimiento depende del actuar de cada educando, **es fundamental que los educadores procuren suscitar una buena autoestima en ellos, puesto que al confiar en sus capacida-**

---

60. Polo, L., *Ayudar a crecer*, p. 177.
61. *Ibid.*, p. 272.

des, se lanzarán con optimismo a afrontar las tareas que se les presenten. El optimista –la persona segura de sí misma– no se satisface con lo que tiene, sino que siempre busca ir más allá. El optimista siempre busca crecer. La persona insegura, en cambio, se atemoriza ante cualquier desafío que tenga al frente. Por este motivo, a la persona insegura, le es muy difícil crecer, puesto que se acobarda y no actúa o titubea al actuar.

Sin embargo, no debemos confundir la seguridad en sí mismos con la falta de humildad. La humildad consiste en andar en verdad, no en sentirse incapaz de acometer tareas difíciles. La humildad no es una virtud negativa, sino que es conocerse como uno es. Por tanto, se puede ser humilde y muy seguro de sí mismo al mismo tiempo.

Según se adelantó más arriba, para lograr educar la autoestima, la seguridad en sí mismo es fundamental la educación familiar. A este respecto considera Leonardo Polo que "en la familia el aprecio está, por lo común, asegurado. Cuando un ser humano es valorado positivamente, se le hace un gran favor, porque él procura estar a la altura de esa valoración. En cambio, cuando se le valora de modo mezquino, no hace nada por superarse"[62]. **Los padres valoran naturalmente a sus hijos, y eso les hace bien para poder ser seguros de sí mismos y alcanzar metas altas. Al sentirse bien valorado, el educando intentará estar a la altura de esa valoración y buscará responder a las expectativas positivas que se tiene de él. Aunque esto no significa 'sobrevalorar' las capacidades de los hijos, ya que la autoestima debe ser formada desde la realidad. Hay que ser realistas en la valoración que se hace de los hijos.** A su vez, es importante considerar que al elogiar o estimular, siempre hay que tener presente el proceso más que el resultado, ya que de lo contrario fomentaremos el resultado

---

62. POLO, L., *Quién es el hombre*, p. 69.

a toda costa. Nuestros educandos deben centrarse en el proceso para alcanzar buenos resultados y no en el resultado en sí mismo.

De igual modo, los educadores no deben calificar al educando de manera peyorativa. En este sentido considera Leonardo Polo que "etiquetar, encasillar a un niño, es limitarlo, confinarlo a ese estado, lo cual no es coherente con la finalidad de la educación que es precisamente ayudarle a crecer, a salir de la situación en la que está en vistas de una mejor"[63]. Si el niño piensa que es malo para las matemáticas –porque se lo han dicho así–, no buscará crecer en ese aspecto. Lo mismo ocurre si se le dice a un niño que 'es irrespetuoso' o 'es perezoso', ya que no se sentirá capaz de lograr un cambio significativo en su comportamiento, porque no se puede cambiar lo que uno es. En este sentido, afirma Tomás Melendo que "el niño es muy receptivo. Si se le repite con frecuencia que es un maleducado, un egoísta, un vago que no sirve para nada, se creerá y será verdaderamente maleducado, egoísta, e incapaz de realizar tarea alguna"[64]. De esta manera se les incapacita para lograr un cambio significativo en su obrar, esto es, se le incapacita para crecer. En esta misma línea advierte Leonardo Polo que "las recriminaciones negativas como por ejemplo: «¡eres un inútil!» o «¡eres un niño malo!» son antieducativas y, además, son manifestación de muy poco sentido común. Se debe tener cuidado con los gritos de los padres –producidos muchas veces por su descontrol nervioso– ya que pueden herir al niño"[65]. Más que ayudar a crecer, esto acarrea como resultado niños y adolescentes dañados emocionalmente y, consecuentemente, inseguros. **No hay nada menos fructífero en el quehacer educativo que buscar la rectificación**

63. POLO, L., *Ayudar a crecer*, p. 295.
64. MELENDO, T., *Diez principios y una clave para educar correctamente*, p. 68.
65. POLO, L., *Ayudar a crecer*, p. 295.

de una conducta errónea mediante el miedo o la humillación.
Por tanto, estas prácticas –ocasionar miedo y humillar– se alejan
de lo que se entiende en este trabajo por educar y, aún más, se
consideran antieducativas.

Antes de terminar, es relevante prevenir frente a uno de los
grandes peligros y males para lograr personas seguras de sí mismas: la sobreprotección. Para educar hijos seguros de sí mismos no
hay que sobreprotegerlos. Los hijos tienen que saber hacer frente
a sus propios asuntos y a solucionar sus propios problemas. Como
declaran Menchén y Melendo: "muy pronto empiezan los niños a
querer hacer las cosas por sí solos, algo que hay que facilitar –según dijimos–, en lugar de impedirlo por un exceso de protección
o un mal entendido cariño"[66]. Muchas veces los padres, y también
los profesores, caemos en el error de querer 'hacer las cosas por los
hijos' para 'protegerlos' y que no 'sufran de más'. O por comodi-
dad, porque es mucho más fácil hacer las cosas por otro que ayudarlo a hacerlas. Es la tentación a la que se enfrenta todo padre o
madre en el momento en que, por ejemplo, un hijo de tres o cuatro
años tienen que vestirse: ¿lo visto yo y me demoro dos minutos o
lo ayudo a vestirse solo y me demoro quince? Si lo vestimos, no
lo ayudamos a crecer. **La sobreprotección es un problema que
hay que erradicar de la educación, puesto que –como observa
Tomás Alvira– "los hijos sobreprotegidos no saben corriente-
mente enfrentarse con ningún problema, esperan que los demás se los resuelvan y si esto no ocurre pierden la alegría, su-
cumben bajo el peso de aquella desgracia, no saben levantarse
y actúan como guiñapos guiados muchas veces por cualquier
desaprensivo. Son seres prisioneros, faltos de libertad"**[67].

66. Menchén, B. y Melendo, T., *Quiénes son nuestros hijos y qué esperan de nosotros*, p. 167.
67. Alvira, T., *Los padres, primeros educadores*, p. 38.

Muchas veces la sobreprotección de los padres va acompañada de un afán de dominio sobre los hijos: 'si mis hijos pueden hacer las cosas por sus propios medios, ya no me necesitarán', piensan egoístamente. Lo que no tienen en cuenta esos padres es que la educación debe siempre promover la libertad del educando, ayudarlo que sea capaz de valerse por sus propios medios. Lo contrario no educa. Por esta razón, denuncia Carlos Cardona la falta de sentido educativo –no ayudan a crecer– que tienen aquellos padres que buscan que sus hijos sean dependientes de ellos: "es fácil encontrar ahí un amor posesivo, más que de benevolencia. Y así, cuando –por ley de vida– llega el momento en que el hijo ha de levantar el vuelo y asumir del todo su propia vida, cuando legítimamente se independiza, estalla el drama"[68]. Es lo que se denomina como el 'síndrome del nido vacío'.

---

68. Cardona, C., *Ética del quehacer educativo*, p. 84.

Referencias bibliográficas

Aguiló, A., *Educar el carácter*, 12ª edición, Palabra, Madrid, 2019.

Aguiló, A., *Educar los sentimientos. Inteligencia emocional y equilibrio afectivo*, 8ª edición, Palabra, Madrid, 2019.

Agustín de Hipona, *De civitate Dei*, en *Obras completas de san Agustín*, Edición Bilingüe, Tomo XVII, Ediciones Biblioteca de Autores Cristianos, Madrid, 1988.

Agustín de Hipona, *De magistro*, Traducción, introducción y notas de Eduardo Sinnott, Colihue Clásica, Buenos Aires, 2014.

Agustín de Hipona, *Las confesiones*, Traducción de Alfredo Encuentra Ortega, Gredos, Madrid, 2016.

Ahedo Ruiz, J., *El conocimiento de la naturaleza humana desde la sindéresis. Estudio de la propuesta de Leonardo Polo*, Cuadernos de Anuario Filosófico, Nº 223, Servicio de Publicaciones de la Universidad de Navarra, Pamplona, 2010.

Alcázar, J. A. y Javaloyes, J. J., *Apuntes para una orientación centrada en la persona*, Identitas Editorial, Madrid, 2015.

Altarejos, F., *Educación y felicidad*, 2ª edición, Eunsa, Pamplona, 1986.

Altarejos, F., *Estudio introductorio. Leonardo Polo: Pensar la educación*, en Polo, L., *Ayudar a crecer. Cuestiones de filosofía de la educación*, Eunsa, Pamplona, 2024.

ALTAREJOS, F., *Dimensión ética de la educación*, 2ª edición, Eunsa, Pamplona, 2002.

ALTAREJOS, F. y NAVAL, C., *Filosofía de la Educación*, 3ª edición, Eunsa, Pamplona, 2011.

ALVIRA, T., *Calidad de la educación: calidad del profesor*, Centro Universitario Villanueva, Madrid, 1985.

ALVIRA, T., *¿Cómo ayudar a nuestros hijos?*, Ediciones Palabra, Madrid, 1983.

ALVIRA, T., *Los padres, primeros educadores*, Mundo Cristiano, Madrid, 1972.

ARISTÓTELES, *Acerca del alma*, Introducción, traducción y notas de Tomás Calvo Martínez, Gredos, Madrid, 2020.

ARISTÓTELES, *Ética a Eudemo*, Introducción de Emilio Lledó; traducción y notas de Julio Pallí, Gredos, Madrid, 2019.

ARISTÓTELES, *Ética a Nicómaco*, Introducción de Emilio Lledó; traducción y notas de Julio Pallí, Gredos, Madrid, 2019.

ARISTÓTELES, *Magna Moralia*, Introducciones, traducción y notas de Teresa Martínez Manzano y Leonardo Rodríguez Duplá, Gredos, Madrid, 2020.

ARISTÓTELES, *Metafísica*, Introducciones, traducción y notas de Tomás Calvo Martínez, Gredos, Madrid, 2008.

ARISTÓTELES, *Poética*, Introducciones, traducción y notas de Teresa Martínez Manzano y Leonardo Rodríguez Duplá, Gredos, Madrid, 2020.

ARISTÓTELES, *Política*, Introducción, traducción y notas de Manuela García Valdés, Gredos, Madrid, 2022.

BARRIO, J. M., *Elementos de Antropología Pedagógica*, 2ª edición, Rialp, Madrid, 2000.

BAUMRIND, D., "Early Socialization and Adolescent Competence", en S. E. Dragastin y G. H. Elder, eds., Adolescence in the Life Cycle (Nueva York: Wiley, 1975).

BERKOWITZ, M. W., *Modelo PRIMED de educación del carácter. Seis principios esenciales para la mejora escolar*, Eunsa, Pamplona, 2022.

BERNAL GUERRERO, A., *Pedagogía de la persona. El pensamiento de Víctor García Hoz*, Escuela Española, Madrid, 1994.

BERNAL MARTÍNEZ DE SORIA, A., *Educación del carácter/Educación Moral. Propuestas educativas de Aristóteles y Rousseau*, Eunsa, Pamplona, 1998.

CARDONA, C., *Ética del quehacer educativo*, 3ª edición, Rialp, Madrid, 2005.

DONATI, P., *La familia como raíz de la sociedad*, Biblioteca de Autores Cristianos, Madrid, 2013.

ESCÁMEZ, J., *La formación de hábitos como objetivos educativos*, Secretariado de Publicaciones, Universidad de Murcia, Murcia, 1981.

FALGUERAS, I., *Hombre y destino*, Eunsa, Pamplona, 1998.

FRANQUET, M. J., "Trayectoria intelectual de Leonardo Polo", *Anuario Filosófico*, Nº 29/2, 1996.

GAMBRA, R., *Historia sencilla de la filosofía*, 30ª edición, Rialp, Madrid, 2016.

GARCÍA GONZÁLEZ, J. A., *El hombre como persona. Antropología filosófica*, Ideas y Libros ediciones, Madrid, 2019.

GARCÍA HOZ, V., *Cuestiones de filosofía individual y social de la educación*, 2ª edición, Rialp, Madrid, 1962.

GARCÍA HOZ, V., *Educación personalizada*, 6ª edición, Rialp, Madrid, 1985.

GARCÍA HOZ, V., *Introducción general a una pedagogía de la persona*, Rialp, Madrid, 1993.

GARCÍA HOZ, V., *La educación y sus máscaras (entre el pragmatismo y la revolución)*, Real Academia de Ciencias Morales y Políticas, Madrid, 1980.

García Hoz, V., *La educación del estudiante en la familia*, Ediciones temas de hoy, Madrid, 1990.

García Hoz, V., "La formación de la persona: puntos de referencia para su estudio", *Revista Española de Pedagogía*, Vol. 52, Nº 198, 1994.

García Hoz, V., *Principios de pedagogía sistemática*, 3ª edición, Rialp, Madrid, 1966.

González Álvarez, Á., *Filosofía de la educación*, Escuela Española, Madrid, 1956.

Guardini, R., *Las etapas de la vida*, 9ª edición, Ediciones Palabra, Madrid, 2022.

Isaacs, D., *La educación de las virtudes humanas y su evaluación*, 13ª edición, Eunsa, Pamplona, 2000.

Kristjánsson, K., *Aristotelian Character Education*, Routledge, Nueva York, 2015.

Kristjánsson, K., *Flourishing as the aim of education. A neo-atistotelian view*, Routledge, Nueva York, 2020.

León-Parodi, J., *Fundamentación antropológica de la educación desde la filosofía de Leonardo Polo*, Eunsa, Pamplona, 2024.

León-Parodi, J., *Una filosofía de la educación centrada en la persona y con miras a la trascendencia*, Estudio Introductorio en Polo, L., *Ayudar a crecer. Cuestiones de filosofía de la educación*, Eunsa, Pamplona, 2024.

Lickona, T., *Carácter. Cómo ayudar a las nuevas generaciones a desarrollar el buen criterio, la integridad y otras virtudes esenciales*, Producciones Educación Aplicada, Ciudad de México, 2010.

Llano, C., *Formación de la inteligencia, la voluntad y el carácter*, Editorial Trillas, Ciudad de México, 2005.

Luri, G., *Mejor educados. El arte de educar con sentido común*, Editorial Planeta, Colección booket, Barcelona, 2015.

L'Ecuyer, C., *Conversaciones con mi maestra. Dudas y certezas sobre la educación*, Espasa Editorial Planeta, Barcelona, 2021.

MacIntyre, A., *Tras la virtud*, Austral Editorial, Barcelona, 2021.

Maritain, J., *La educación en la encrucijada*, Ediciones Palabra, Madrid, 2008.

Martínez García, E., *Ser y Educar. Fundamentos de pedagogía tomista*, 2ª edición, CORIESU, Toledo, 2022.

Menchén, B. y Melendo, T., *Quiénes son nuestros hijos y qué esperan de nosotros. Curso de Antropología Infantil: «Para educar con hondura»*, Ediciones Internacionales Universitarias, Madrid, 2013.

Melendo, T., *Diez principios y una clave para educar correctamente*, Edufamilia, Málaga, 2017.

Millán Puelles, A., *La formación de la personalidad humana*, Rialp, Madrid, 1963.

Naval, C., *Educación, Retórica y Poética. Tratado de la educación en Aristóteles*, Eunsa, Pamplona, 1992.

Rodríguez Sedano, A., *Libertad y actividad. Estudio sobre la antropología trascendental de Leonardo Polo*, Eunsa, Pamplona, 2018.

Pérez Guerrero, J., *Educar mirando a los ojos. Filosofía de la educación personalizada*, Eunsa, Pamplona, 2022.

Peters, R. S., *Education as Initiation. An inaugural lecture delivered at the University of London Institute of Education 9 December 1963*, The University of London Institute of Education, London, 1964.

Peters, R. S., *El concepto de educación*, Editorial Paidós, Buenos Aires, 1969.

Piá Tarazona, S., *El hombre como ser dual. Estudio de las dualidades radicales según la Antropología Trascendental de Leonardo Polo*, Eunsa, Pamplona, 2001.

Pieper, J., *Las virtudes fundamentales*, 11ª edición, Rialp, Madrid, 2017.

Polo, L., *Antropología trascendental*, en *Obras Completas*, Serie A, vol. XV, Eunsa, Pamplona, 2016.

Polo, L., *Artículos y conferencias*, en *Obras Completas*, Serie B-III, vol. XXX, Eunsa, Pamplona, 2022.

Polo, L., *Ayudar a crecer. Cuestiones de filosofía de la educación*, en *Obras Completas*, Serie A, vol. XVIII, Eunsa, Pamplona, 2019.

Polo, L., *Curso de teoría del conocimiento I*, en *Obras Completas*, Serie A, vol. IV, Eunsa, Pamplona, 2015.

Polo, L., *Curso de teoría del conocimiento IV*, en *Obras Completas*, Serie A, vol. VII, Eunsa, Pamplona, 2019.

Polo, L., *Epistemología, creación y divinidad*, en *Obras Completas*, Serie A, vol. XXVII, Eunsa, Pamplona, 2015.

Polo, L., *Escritos menores (1991-2000)*, en *Obras Completas*, Serie A, vol. XVI, Eunsa, Pamplona, 2018.

Polo, L., *Escritos menores (2001-2014)*, en *Obras Completas*, Serie A, vol. XXVI, Eunsa, Pamplona, 2018.

Polo, L., *Ética. Hacia una versión moderna de los temas clásicos*, en *Obras Completas*, Serie A, vol. XI, Eunsa, Pamplona, 2018.

Polo, L., *Filosofía y economía*, en *Obras Completas*, Serie A, vol. XXV, Eunsa, Pamplona, 2015.

Polo, L., *La esencia del hombre*, en *Obras Completas*, Serie A, vol. XXIII, Eunsa, Pamplona, 2015.

Polo, L., *La originalidad de la concepción cristiana de la existencia*, en *Obras Completas*, Serie A, vol. XIII, Eunsa, Pamplona, 2015.

Polo, L., *La persona humana y su crecimiento*, en *Obras Completas*, Serie A, vol. XIII, Eunsa, Pamplona, 2015.

Polo, L., *Lecciones de ética*, en *Obras Completas*, Serie A, vol. XI, Eunsa, Pamplona, 2018.

Polo, L., *Lecciones de psicología clásica*, en *Obras Completas*, Serie A, vol. XXII, Eunsa, Pamplona, 2015.

Polo, L., *Persona y libertad*, en *Obras Completas*, Serie A, vol. XIX, Eunsa, Pamplona, 2017.

Polo, L., *Quién es el hombre. Un espíritu en el tiempo,* en *Obras Completas,* Serie A, vol. X, Eunsa, Pamplona, 2016.

Segura, S., *Nuevo diccionario etimológico Latín-Español y de las voces derivadas,* 5ª edición, Universidad de Deusto, Bilbao, 2010.

Sellés, J. F., *Antropología de la intimidad. Libertad, sentido único y amor personal,* Rialp, Madrid, 2013.

Sellés, J. F., *Antropología para inconformes,* Rialp, Madrid, 2011.

Sellés, J. F., *El conocer personal. Estudio del entendimiento agente según Leonardo Polo,* Cuadernos de Anuario Filosófico, Nº 163, Servicio de Publicaciones de la Universidad de Navarra, Pamplona, 2003.

Sellés, J. F., "El hábito de sabiduría según Leonardo Polo", *Studia Poliana,* Nº 3, 2001.

Sellés, J. F., "La educación de la amistad: una aproximación conceptual", *Educación y educadores,* Nº 11, 2008.

Sellés, J. F., *La filosofía en su historia. Síntesis y revisión crítica desde una concepción poliana,* Editorial Sindéresis, Madrid, 2020.

Sellés, J. F., *Los tres agentes de cambio en la sociedad civil. Familia, Universidad y Empresa,* Ediciones Internacionales Universitarias, Madrid, 2013.

Sellés, J. F., *Teoría de la voluntad. Cómo disipar su oscuridad según Leonardo Polo,* Eunsa, Pamplona, 2021.

Sellés, J. F., *33 virtudes humanas según Leonardo Polo,* Eunsa, Pamplona, 2020.

Sellés, J. F. y Gallardo, F., *Teoría del conocimiento,* Eunsa, Pamplona, 2019.

Spaemann, R., *Ética: Cuestiones fundamentales,* 9ª edición, Eunsa, Pamplona, 2010.

Spaemann, R., *Felicidad y benevolencia,* 2ª edición, Rialp, Madrid, 2014.

SPAEMANN, R., *Personas. Acerca de la distinción entre «algo» y «alguien»*, Eunsa, Pamplona, 2000.

TOMÁS DE AQUINO, *Comentario a la Ética a Nicómaco de Aristóteles*, Traducción de Ana Mallea, estudio preliminar y notas de Celina A. Lértora Mendoza, 2ª Edición, Eunsa, Pamplona, 2001.

TOMÁS DE AQUINO, *De virtutibus in communi Cuestión disputada sobre las virtudes en general*, Estudio preliminar, traducción y notas de Laura E. Corso de Estrada, Eunsa, Pamplona, 2000.

TOMÁS DE AQUINO, *Summa contra gentes. Suma contra los gentiles*. Tomo II, Edición Bilingüe, Ediciones Biblioteca de Autores Cristianos, Madrid, 1968.

TOMÁS DE AQUINO, *Summa Theologica. Suma de Teología*, Tomos I-V, Ediciones Biblioteca de Autores Cristianos, Madrid, 1988-1994.

TOMÁS DE AQUINO, *Summa Theologica, Supplementa. Suma Teológica Suplemento*, Edición Bilingüe, Tomo XV, Ediciones Biblioteca de Autores Cristianos, Madrid, 1956.

YEPES, R., *La persona y su intimidad*, Cuadernos de Anuario Filosófico, Nº 48, Servicio de Publicaciones de la Universidad de Navarra, Pamplona, 1997.

YEPES, R. y ARANGUREN, J., *Fundamentos de Antropología. Un ideal de la excelencia humana*, Eunsa, Pamplona, 2003.